신병주 교수의

조선 산책

민초의 삶부터 왕실의 암투까지

신병주 교수의 조선 산책

초판 1쇄 2018년 4월 10일
초판 4쇄 2023년 6월 2일

지은이 신병주
펴낸이 최경선
책임편집 정혜재
마케팅 김성현 한동우 구민지

펴낸곳 매경출판㈜
등록 2003년 4월 24일(No. 2-3759)
주소 (04557) 서울시 중구 충무로 2(필동1가) 매일경제 별관 2층 매경출판㈜
홈페이지 www.mkbook.co.kr
전화 02)2000-2641(기획편집) 02)2000-2636(마케팅) 02)2000-2606(구입 문의)
팩스 02)2000-2609 **이메일** publish@mk.co.kr
인쇄·제본 ㈜M-print 031)8071-0961
ISBN 979-11-5542-835-1(03910)

이 도서의 국립중앙도서관 출판예정도서목록(CIP)은 서지정보유통지원시스템 홈페이지(http://seoji.nl.go.kr)와
국가자료공동목록시스템(http://www.nl.go.kr/kolisnet)에서 이용하실 수 있습니다.
(CIP제어번호: CIP2018008768)

신병주 교수의

조선 산책

민초의 삶부터 왕실의 암투까지

신병주 지음

매일경제신문사

일러두기

1. 본문에서 도서는 《 》, 작품명·신문·영화는 〈 〉로 묶어 표기했습니다.

2. 이 책에 사용된 도판은 소장처 및 소유자의 동의를 얻어 수록했으며, 그렇지 못한 일부 작품의 경우 저작권자가 확인되는 대로 정식 절차를 밟고자 합니다.

3. 도판 정보는 "작가, 작품명, 제작 시기, 크기(세로×가로), 제작 기법, 소장처 및 자료제공자" 순으로 기재했습니다. 단 확실하지 않은 정보의 경우 생략하였습니다.

4. 이 책은 저자가 언론에 발표한 칼럼을 재구성한 것으로, 각 꼭지 마지막에 해당 칼럼이 지면에 소개되었을 당시의 날짜를 기재했습니다.

현재에 되살아나는
역사의 현장 속으로

"역사는 과거와 현재의 대화이다." 필자가 항상 강조하는 말이다. 역사가 단지 과거의 옛 이야기로만 흘러가고, 현재에 되살아나지 못하면 그 역사는 의미를 갖지 못한다. 역사 속 인물들의 행적과 사건의 과정들이 현재 속에서 되살아나 새로운 방향과 의미를 제시해줄 때 역사의 힘은 빛을 발하는 것이다. 최근 우리 현대사는 대통령 탄핵이라는 초유의 경험을 했지만, 사실 조선시대에도 왕을 쫓아낸 반정反正이 두 차례 있었다. 중종반정과 인조반정의 원인은 권력의 독점과, 소통의 부재, 소수 측근 정치의 폐해 등으로 최근의 대통령 탄핵과 놀랍게도 닮아있는 모습을 발견할 수 있다.

필자는 "역사는 현재에 다가오는 역사일 때 빛을 발할 수 있다"는 관점을 가지고 여러 매체를 통해 대중들에게 우리 역사의 다양한 모습과 그것이 지니는 현재적 의미를 꾸준히 전달해왔다. 그 과정에서 2015년 10월 〈세계일보〉의 지면을 통해 '역사의 창'이라는 이름으로 격주 간 역사 칼럼을 연재해왔고, 3년 가까이 정리된 원고를 모아 《신병주 교수의 조선산책》을 출간하게 되었다. 《신병주 교수의 조선산책》에는 〈대구매일신문〉을 비롯해서, 이전에 쓴 칼럼 원고를 다시 모아 시의에 맞게 재구성한 내용도 일부 포함되었다.

이 책에는 부제에서 표현한 것처럼 민초들의 생활상부터 왕실의 암투에 이르기까지 미시사와 거시사를 아우르는 다양한 내용들과 그것이 지니는 현재적 의미까지 담으려고 노력했다. 선비의 육아일기, 선조들의 설 풍속과 무더위를 피하는 방법, 한강의 얼음, 바둑 이야기, 살인 코끼리에 대한 대응 등 생활사에 대한 기록부터, 1636년 혹독했던 겨울 남한산성에서의 척화파와 주화파의 갈등, 반정의 단서를 제공했던 국정 농단 여인들, 세종 시대의 국민투표, 영조의 탕평책 등 조선시대 정치사의 면면까지 담으려 노력했다.

필자가 역사의 현재성과 더불어 강조하는 점은 '현장성'이다. 집현전 하면 세종 대 학문의 산실이었다는 점은 누구나 알고 있지만 어느 곳에 위치해 있는지는 대부분 모르고 있다. 세종이 처음 사가독서 제도를 실시하여 성종과 중종 대에 독서당이 만들어진 현장, 태조의 계비 신덕왕후 강씨의 무덤이 원래 정동에 있다가 현재 성북구 정릉동으로 옮겨진 까닭, 문정왕후가 사후에 남편 중종과 함께 하지 못하고 태릉에 묻힌 사연, 1760년에 추진되었던 청계천 공사의 현장과 함께 1795년 정조의 화성행차의 배경과 일정을 정리하여 생생하게 조선의 역사를 체험하게 했다. 조선 궁궐의 자존심 경복궁과 창덕궁이 조성된 이야기와 남한산성, 칼을 찬 선비 남명 조식 유적지, 제주도의 하멜 표착지 등 우리 국토 곳곳에 산재한 현장들에 담긴 역사 이야기를 풀어 나갔다.

언론에 칼럼으로 시작된 글들이 모인 만큼, 체계를 잡고 적절한 소제목을 붙이는 작업이 요구되었다. 편집자의 꼼꼼한 정리와 깔끔한 도판 배치가 이루어지면서 산재된 원고들이 생명력을 얻게 되었다. 책의 완성을 위해 많은 노력을 해 준 신수엽님과 교정 작업에 참여한 건국대학교 사학과 대학원생들에게 감사함을 전한다.

2018년 4월 일감호가 보이는 건국대 연구실에서
신병주

1. 왕, 부흥과 몰락 사이 외줄을 타다

2. 시대의 위인을 조명하다

3. 현재를 되새기게 하는 사건과 현장

4. 조선의 빼어난 기술과 문화재

5. 풍류가 넘치는 일상생활사

6. 조선의 정책을 엿보다

1

왕,
부흥과 몰락 사이
외줄을 타다

연산군과 장녹수의 최후

1506년(연산군 12) 9월, 반정군이 창덕궁으로 몰려들었다. 궁궐문을 지키던 군사들은 모두 담을 넘어 도망을 가고 궁궐 안은 텅 비었다. 반정군에 체포된 연산군은 강화도 교동도로 유배를 갔다가 쓸쓸히 최후를 맞이했다. 대부분의 신료와 군대까지 돌아선 시점에 연산군과 최후까지 함께한 인물은 놀랍게도 기생 출신의 후궁 장녹수張綠水였다.

　가난해서 시집도 여러 번 가고 자식까지 둔 장녹수의 남편은 제안대군의 노비였다. 신분의 한계 속에서 장녹수는 춤과 노래를 배워 기생의 길로 나섰고, 궁중으로 뽑혀 들어와서는 연산군의 총애를 한몸에 받았다. 용모는 뛰어나지 못했지만 30세의 나이에도 16세 동안童顔으로 보였다고 실록은 기록하고 있다.

　장녹수는 연산군의 음탕한 삶과 비뚤어진 욕망을 부추기며 자신의 욕망을 채워 나갔다. 연산군을 어린아이나 노예같이 대할 수 있는 유일한 존재이기도 했다. "남모르는 교사巧詐와 요사스러운 아양은 견줄 사람이 없으므로, 왕이 혹하여 상으로 주는 돈이 거만鉅萬이었다. 부고府庫의 재물을 기울여 모두 그 집으로 보냈고, 금은주옥金銀珠玉을 다 주어 그 마음을 기쁘게 해서 노비, 전답, 가옥도 이루 다 셀 수가 없었다. 왕을 조롱하기를 마치 어린아이같이 했고, 왕에게 욕하기를 마치 노예처럼 했다. 상주고 벌주는 일이 모두 그의 입에 달렸다"고 한 기록은 그녀의 위세를 잘 보여준다.

연산군이 장녹수에게 빠져 날로 방탕이 심해지자 할머니인 인수대비까지 나서 이를 나무랐지만, 연산군과 장녹수의 파행은 그치지 않았다. 장녹수는 궁 밖에 있는 사가私家를 재건하기 위해 민가를 헐어 버렸으며, 옥지화라는 기생은 장녹수의 치마를 한 번 잘못 밟았다가 참형을 당했다. 장녹수의 위세를 믿고 그 하인들마저 행패를 부렸으며, 모두가 출세하기 위해 장녹수 앞에 줄을 서는 어처구니없는 일이 벌어졌다. "무뢰한 무리들이 장녹수에게 다투어 붙어 족친이라고 하는 자가 이루 헤아릴 수 없었다"는 표현에서도 당시의 상황을 짐작할 수 있다.

중종반정이 일어나기 10일 전인 1506년 8월 23일, 연산군은 후원에서 나인들과 잔치를 하며 시 한 수를 읊다가 갑자기 눈물을 두어 줄 흘렸다. 다른 여인들은 몰래 비웃었으나 장녹수는 슬피 흐느끼며 눈물을 머금었다. 연산군은 장녹수의 등을 어루만지며 "지금

연산군시대금표비(문화재자료 제88호), 문화재청

연산군이 유흥을 즐기는 곳에 일반인들이 드나드는 것을 금지하기 위해서 세워 놓은 비다. 네모난 받침돌 위에 비의 몸을 세웠는데, 윗부분의 일부가 떨어져 나갔다. 비문에는 이 금표 안으로 들어오는 사람은 왕명을 어긴 것으로 보아 처벌을 할 것이라는 내용이 적혀 있다. 비가 있는 고양군은 1504년(연산군 10) 왕의 유흥지가 되었다가 중종반정으로 다시 고양군이 되었다. 비는 이 유흥지를 만들 때 함께 세운 것으로 짐작된다.

조선 10대 왕이었던 연산군과 거창군부인 신씨(1476~1537)의 무덤이다. 연산군은 9대 성종과 폐비 윤씨의 아들로 태어나 1494년 왕위에 올랐다. 묘는 쌍분의 형태로 앞에서 바라보았을 때 왼쪽이 연산군, 오른쪽이 거창군부인의 묘이다.

태평한 지 오래이니 어찌 불의에 변이 있겠느냐마는, 만약 변고가 있게 되면 너는 반드시 면하지 못하리라" 하였다. 두 사람은 자신의 운명을 예견이라도 했던 것일까.

1506년 9월 2일 연산군 독재에 저항하는 중종반정이 일어났고 연산군은 폐위됐다. 장녹수는 반정군사들에게 붙잡혀 군기시軍器寺 앞에서 참형을 당했는데, 수많은 사람들이 그녀의 시체에 기왓장과 돌멩이를 던지며 "일국의 고혈이 여기에서 탕진됐다"고 하며 욕설을 퍼부었다고 한다. 이후에도 장녹수가 국정을 농단한 사례를 경계로 삼을 것을 다짐하는 내용의 실록 기록이 등장하고 있는 것도 주목되는 점이다. 연산군과 장녹수의 최후가 단지 과거 역사 속 일만은 아닌 것은 현대사의 정국에서도 그 흔적이 찾아지기 때문이다.

2016.11.09

조선판 탄핵과 반정,
쫓겨난 왕들의 최후

2016년 12월 9일 박근혜 대통령 탄핵소추안이 국회에서 가결되면서 대통령의 모든 업무가 정지됐다. 조선시대에도 왕을 몰아내는 조선판 탄핵이 있었으니, 1506년의 중종반정과 1623년의 인조반정이 그것이다. '바른 것으로 되돌린다'는 반정은 원래 중국의 역사서 《춘추공양전》의 '발란반정撥亂反正(어지러움을 제거하여 바른 것으로 되돌린다)'에서 나온 말로, 폭군을 몰아낸 후 왕통을 이을 가장 적합한 인물을 왕위에 올리는 것을 의미했다.

1623년 3월 인조반정으로 광해군(재위 1608~1623)이 폐위됐다. 조선 역사상 두 번의 반정이 일어났고, 반정으로 쫓겨난 두 명의 왕 연산군과 광해군은 왕으로서 인정받지 못했다. 연산군이야 검증된 폭군이니만큼 억울한 것이 없지만, 광해군의 폐위에 대해서는 현재에도 긍정과 부정이 엇갈린다. 광해군은 초반의 개혁정치

1965년 해인사 장경판고(藏經板庫)를 수리할 때, 남쪽 지붕 아래 구멍에서 건물 완공에 대한 기록과 상궁의 이름이 적힌 명단이 의복들과 함께 발견되었다. 사진은 광해군과 그의 비 유씨, 그리고 정5품 상궁이 입었던 의복 4점 중 하나다.

와 실리외교라는 긍정적인 측면에도 불구하고, 말년에는 지나치게 독선적으로 정국을 운영해 반대파 결집의 빌미를 제공했다.

광해군 후반 정국에 등장해 광해군을 혼군昏君으로 이끈 여인이 있었다. 바로 상궁 김개시金介屎로, 김개똥으로 불리기도 했고《계축일기》에는 '가희'라는 이름으로 등장한다. 장녹수나 장희빈처럼 후궁의 지위에서 왕의 판단을 흐리게 한 여인들과 달리 김개시는 상궁으로서 국정을 좌지우지한 인물이었다.

광해군과 김개시의 인연은 선조 때부터 시작된다. 실록은 "김 상궁은 이름이 개시로 나이가 차서도 용모가 피지 않았는데 흉악하고 약았으며 계교가 많았다. 춘궁春宮(광해군)의 옛 시녀로서 왕비를 통해 나아가 잠자리를 모실 수 있었는데, 인하여 비방秘方으로 갑자기 사랑을 얻었다"고 해 김 상궁이 용모는 뛰어나지 않았지만 비밀스러운 방책으로 광해군의 마음을 사로잡았음을 기록하고 있다.

이어서 김개시는 광해군의 최고 심복 이이첨과 교분을 맺게 되면서 권세가權勢家를 자유롭게 출입했다. 광해군은 1613년 인목대비를 폐위시키고 영창대군을 처형한 이후 반대세력에 대해 철저한 정치적 탄압을 가했고, 이 과정에서 이이첨 중심의 대북大北 세력만이 광해군을 비호하는 상황이 되었다. 《계축일기》에는 가희가 영창대군과 인목대비를 죽이려고 시도했다는 기록도 있어 그녀가 늘 광해군의 의중에 맞추려 했음을 볼 수 있다. 김개시와 이이첨에 대해서는 비난 여론이 많았지만, 광해군은 '역적 토벌'의 전위부대인 이들을 깊이 신임했다.

광해군의 후원을 입은 김개시는 거칠 것이 없었다. "위로 감사監司·병사兵使·수사水使로부터 아래로 권관權管·찰방察訪에 이르기까지 천 냥, 백 냥 하는 식으로 모두 정해진 액수가 있어 값에 따라 선발하고 낙점도 또한 이런 액수로 정했다. 김 상궁이 붓을 잡고 마음대로 하니 왕도 어떻게 하지 못했다"는 《속잡록》의 기록이나 "김 상궁은 선조 때의 궁인으로 광해군이 총애하여 말하는 것을 모두

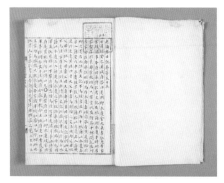

〈광해군일기〉, 국립중앙박물관

조선 15대 왕 광해군의 재위 기간 동안의 역사를 기록한 책이다. 본디 실록이어야
하지만 광해군이 폐위되었기 때문에 실록이라 하지 않고 일기라 칭한다.

들어줌으로써 권세를 내외에 떨쳤다. 또 이이첨의 여러 아들 및 박
홍도의 무리와 결탁하여 그 집에 거리낌 없이 무상으로 출입하였
다"는 《광해군일기》의 기록을 통해 인사권까지 장악하며 막강한
권력을 휘둘렀던 김개시의 모습을 확인할 수가 있다.

　1623년 3월에 일어난 인조반정은 능양군(훗날의 인조)과 서인이
주도해 광해군을 축출한 것이었다. 반정의 명분은 크게 세 가지로,
동생 영창대군을 죽이고 계모인 인목대비를 폐위시켰다는 '폐모살
제廢母殺弟'와 전통의 우방국 명나라에 대한 사대事大를 소홀히 하고
후금後金과 친교를 맺은 외교정책, 무리한 궁궐 조성 사업을 통해
국가재정을 어렵게 한 것이었다. 그러나 광해군이 민생을 위한 개

남양주 광해군묘(사적 제363호), 문화재청

묘소는 쌍분의 형태로 앞에서 바라보았을 때 왼쪽이 광해군, 오른쪽이 문성군부인의 묘이다. 묘의 상설은 왕자묘제의 형태로 문석인, 장명등, 망주석, 묘표석 등을 배치하였다. 현재는 사적지 원형 보존과 훼손 방지를 위해 비공개로 관리 중이다.

혁과 외교에서 역량을 발휘한 점을 고려하면 인조반정은 북인 정권에서 소외됐던 서인과 남인이 정권을 잡기 위해 일으킨 정변이라는 성격도 있다. 훈련대장까지 포섭한 반정군은 창덕궁으로 쉽게 입성을 했고, 반정군의 공격에 놀란 광해군은 내시에게 업혀 의관 안국신의 집에 피신했지만 곧 체포됐다. 광해군은 폐주廢主를 폐하고 새로운 왕을 세운다는 인목대비의 목소리를 들으며 15년 왕의 자리에서 물러났다.

인조반정의 출발점이 된 창의문, 인조반정 공신의 명단이 걸려 있다.

　광해군 정권 내내 국정을 농단한 김개시는 정작 마지막에는 광해군의 편이 되지 못했다. 반정군 측에 포섭돼 김자점 등에게서 뇌물을 받은 김개시는 여러 차례 반정을 알리는 상소를 받은 광해군을 안심시켰다. 반정의 성공에 일익을 담당했지만, 1623년 3월 인조반정 직후 김개시는 민가에 숨어 있다가 처형됐다. 광해군 대 국정을 농단하고 최후에는 광해군을 배신한 김개시. 그는 새로운 정권에서도 제거대상 1호로 떠올랐던 것이다.

　광해군은 폐위된 직후 부인 유씨, 세자에서 폐위된 아들 부부와 함께 강화도로 유배됐다. 그런데 강화로 옮긴 직후 폐세자가 연금된 집 안 마당에 땅굴을 파고 탈출을 시도하다가 발각됐다. 폐세자는 자진自盡의 명을 받아 죽고, 폐세자빈 역시 충격을 받고 자살했

작자미상, 〈이시방 초상(보물 제1482호)〉부분, 조선후기,
전체 224×106.3㎝, 비단에 채색, 대전선사박물관

광해군이 사망했을 당시 제주목사였던 이시방. 그는 광해군의
부음을 듣고 상을 치렀다.

다. 1623년 10월 왕비 유씨가 세상을 떠난 뒤 광해군은 혼자가 됐지만 1636년 강화도 교동, 1637년 제주도 등 유배지를 옮겨 다니며 모진 세월을 견디다가 1641년 7월 1일 제주에서 생을 마감했다.

《광해군일기》에는 "광해군이 이달 1일에 제주에서 위리안치圍籬安置된 가운데 죽었는데 나이 67세였다. 부음을 듣고 상이 사흘 동안 철조輟朝했다. 이때에 제주목사 이시방이 즉시 열쇠를 부수고 문을 열고 들어가 예로 염습했다"고 하여 광해군의 최후 모습을 전하고 있다. 광해군의 장례는 연산군 때처럼 왕자의 예로 지냈다. 유배된 지 두 달 만에 사망한 연산군과는 달리 광해군은 폐위된 후에도 18년을 더 살았으니 왕으로 재위한 15년보다 유배 기간이 더 길었다.

1506년 연산군은 박원종, 성희안, 유순정 등이 주축이 된 반정군에 의해 쫓겨났다. 10여 년 이상 조선을 사치와 향락의 왕국으로 만든 그였지만 반정군 앞에 속수무책이었다. 그를 방어해줄 측근 하나 없는 외로운 퇴출이었다. 연산군이 그동안 자행한 정치 행태에 비하면 오히려 뒤늦은 감이 있는 반정이었다. 연산군은 궁궐 잔치, 사냥 등 사치와 향락으로 일관했다. 전국에서 선발한 '흥청'이라는 기녀들만 데리고 노는 것을 한탄한 백성은 이를 조롱하고 비판하는 의미로 '흥청망청興淸亡淸'이라는 말을 민간에 유행시켰다. 관리들에게 '신언패愼言牌(말을 삼가하는 패)'를 차고 다니게 해 언로言路를 원천적으로 봉쇄했으며, 자신을 비난하는 글이 한글로 쓰였다 하여 한글 탄압에도 나섰다. 스스로도 자신의 행위가 문제가 있다는 것을 느끼면서 이러한 사실이 알려지는 것을 두려워했고, 결국 반정으로 최후를 맞았다.

1506년 9월 2일 중종반정 이후 연산군은 9월 7일 교동현으로 유배됐다. "지나는 길의 늙은이나 아이들이 모두 앞을 다투어 나와 서로 손가락질하면서 상쾌히 여기는 뜻이 있는 듯했다"고《연산군 일기》는 당시의 분위기를 전하고 있다. 그러나 연산군을 모시던 시녀들은 목 놓아 울부짖으면서 통곡을 했고, 호송한 관리들에 대해 연산군은 "나 때문에 멀리 오느라 수고했다. 고맙고 고맙다"고 했다. 연산군이 교동으로 폐출돼 가시 울타리 안에 거처하게 되자, 백성들은 원망의 뜻을 노래로 불렀다.

"충성이란 사모요/거동은 곧 교동일세/일 만 흥청 어디 두고/석양 하늘에 뉘를 쫓아가는고/두어라 예 또한 가시의 집이니/날 새우기엔 무방하고 또 조용하구나"

관리들이 머리에 착용하는 '사모紗帽'를 연산군의 정치에 비유해 사모詐謀라 했고, 거동擧動과 교동, 각시婦와 가시荊棘의 음이 서로 유사함을 빌려 연산군의 행태를 조롱한 것이었다.

연산군은 유배 후 두 달 만인 11월 6일 역질疫疾로 사망했다고 실록은 전하고 있다. 31세의 젊은 나이였지만, 오랜 사치와 향락생활에 익숙한 그에게 좁은 가시울타리는 큰 스트레스로 다가왔을 것이다.

두 번의 반정에는 공통점도 많다. 연산군이나 말년의 광해군은 극히 소수의 측근 세력에만 의존하는 독재정치를 했고, 반대 정파를 전혀 포용하지 못했다. 무너지는 순간 그 곁에 그동안 국정을 농단했던 장녹수와 김개시와 같은 비선실세 여인들이 있었다는 것도 주목할 부분이다. 반정으로 축출해도 왕은 처형하지 않고 유배를 보냈는데 두 사람의 유배지도 동일한 강화도 교동도였다. 연산군은 유배 후 두 달 만에 역질疫疾로 사망했고 광해군은 유배의 긴 시간을 견뎌나가다가 1641년 제주도에서 사망했다.

반정으로 축출된 연산군과 광해군은 조선시대 내내 왕으로 인정받지 못하고, 그들의 이름에는 왕자 시절의 호칭인 '군君'만이 남아 있다. 두 왕의 실록도 '일기'로, 무덤 역시 왕릉의 명칭 대신에 '묘'라는 말로 격하됐다. 왕으로 재위하는 동안 소통과 포용의 리더십 대신에 소수의 측근에만 의존하는 권력자의 말로에 대한 역사적 심판의 준엄함을 되새겨 보아야 할 것이다.

2017.03.21

세종의 눈부신 용인술

역사 속 지도자 중에서 인재의 적절한 등용으로 시대적 과제를 달성한 대표적인 인물이 바로 세종대왕이다. 조선이 건국된 후 30여 년이 지난 즈음 왕위에 오른 세종, 그의 시대는 왕권과 신권의 갈등과 같은 초기의 정치적 시행착오를 수습하고 왕과 신하가 함께 머리를 짜내며 조선이라는 나라를 안정시켜야 할 과제가 대두된 시대였다. 세종은 조선이 나아갈 국정의 방향을 자주, 민본, 실용으로 삼았고, 가용할 수 있는 인재를 최대한 활용하여 시대적 과제를 해결해나갔다.

우리의 문자인 훈민정음의 창제를 비롯하여 백성들을 위한《농사직설》,《향약집성방》등의 농서와 의서 간행, 장영실의 발탁과 해시계, 자격루, 측우기 등의 각종 과학기구들의 발명, 박연으로 대표되는 궁중 음악의 정리 등 조선 건국 50여 년 만에 이룩한 세종 대의 찬란한 성과들은 나열하기 어려울 정도다.

또한 북방 개척에도 힘을 기울여 4군 6진을 쌓아 압록강, 두만강으로 경계가 이루어진 오늘날 한반도의 영토를 확정하였고, 공법貢法이라는 세법을 확정함에 있어서는 17만여 명을 대상으로 하는 국민투표를 실시하였다. 세종의 리더십은 여기에서 그치지 않았다. 자신이 출중한 능력의 소유자였음에도 불구하고 독단적으로 정국을 운영하지 않고, '함께하는 정치'를 표방하였다. 지역과 신분을 막론하고 전국의 인재들을 불러 모으고 이들이 마음껏 능력을 발휘할 수 있는 여건을 만들어 주었다. 집현전을 설치하여 최고의 인재들로 하여금 국가 정책을 만들게 한 것, 천민 출신의 과학자 장영실의 발탁은 세종의 포용적인 리더십을 대표적으로 보여준다.

"장영실蔣英實은 그 아비가 본래 원나라 소주·항주 사람이고, 어미는 기생이었는데, 공교工巧한 솜씨가 보통 사람에 비해 뛰어나므로 태종께서 보호하시었고, 나도 역시 이를 아낀다"는《세종실록》의 기록처럼 장영실의 아버지는 중국계 귀화인 출신이었고, 어머니는 관기로서 장영실의 신분은 천민이었다. 그러나 세종은 장영실의 과학적 재능을 알아보고 파격적으로 관직까지 부여했다.

신하들의 반대가 심했지만 능력 본위로 인재를 등용해야 한다는 세종의 신념은 확고했다. 세종은 장영실로 하여금 국가의 과학 프로젝트를 주도하게 했다. 이것은 간의와 일월정시의, 천평일구, 자격루 등의 발명품으로 이어졌다.

창경궁 자격루(국보 제229호), 문화재청

자격루가 발명되자 세종은 "이제 자격루를 만들었는데 비록 나의 가르침을 받아서 했지마는, 만약 이 사람이 아니었더라면 암만해도 만들어 내지 못했을 것이다"면서 장영실에 대한 무한 신뢰를 나타냈다. 세종과 장영실의 환상적인 호흡은 15세기 천문 과학 분야에서 조선이라는 나라가 세계적 수준의 국가가 되게 했다.

인재를 알아보는 세종의 능력은 과학이 아닌 다른 분야에서도 나타났다. 우리 역사상 최고 재상 중 한 명인 황희 정승은 원래 세종의 즉위를 반대한 인물이었다. 태종이 14년간 세자의 자리에 있던 양녕대군을 폐위하고 충녕대군(후의 세종)을 후계자로 임명하자 황희는 이에 반대했고 결국 유배의 길에 올랐다. 유배지에 있던 황희에게 손길을 내민 인물이 바로 세종이었다.

세종은 왕위에 오른 후 황희를 다시 등용했고, 이후 황희는 세종의 기대에 부응하면서 최고의 재상이 됐다. 반대세력까지 포용하는 리더십이 돋보인다.

세종 리더십의 가장 중요한 요소인 '함께하는 정치'를 상징적으로 보여주는 기관이 집현전이다. 세종은 즉위 후 바로 집현전을 학문과 정책의 중심기구로 발전시켰다. 집현전이 위치했던 곳은 현재의 경복궁 수정전 자리로 근정전이나 사정전과 매우 가까운 곳에 위치해 있었다. 그만큼 세종이 집현전에 대한 관심이 컸음을 의미한다. 집현전에는 신숙주, 성삼문, 정인지, 최항 등 세종 시대를 대표하는 학자들이 속속 모여들었다.

작자미상, 〈황희 초상〉, 조선시대, 비단에 채색, 88.5×57cm, 국립중앙박물관

세종 스스로도 학문이 뛰어난 군주였지만 홀로 정책을 결정하려고 하지 않았다. 집현전과 같은 기구에서 배출된 학자들의 연구 성과를 충분히 반영하였다. 집현전에서는 주택에 관한 옛 제도를 조사한다거나 중국 사신이 왔을 때의 접대 방안, 염전법에 관한 연구, 외교문서의 작성, 조선의 약초 조사 등 다양한 활동을 수행하였다. 집현전 학자들에게는 왕을 교육하는 경연관, 왕세자를 교육하는 서연관, 역사를 기록하는 사관史官의 임무도 동시에 부여하여 국가의 기둥으로 키워 나갔다. 집현전에서는 각종 편찬사업이 활발하게 이루어졌다. 역사서, 유교경서, 의례, 병서, 법률, 천문학 관련 서적이 그것들로서 국가에 필요한 과제가 부여되면 집현전에서는 모두의 힘을 모아 정리하였다.

이러한 편찬사업은 세종 당대에 완성된 것도 많았지만 《고려사》와 같이 세종 대에 시작하여 문종 대에 완성된 것도 있다. 그만큼 긴 안목을 가지고 과제를 부여하고 이를 완성했던 것이다. 집현전은 세종의 각별한 배려 속에서 수백 종의 연구 보고서와 50여 종의 책을 편찬하였다. 《삼강행실도》, 《자치통감》, 《국조오례의》, 《역대병요》와 같이 의학, 역사, 의례, 국방 등 전 분야에 걸쳐 많은 책들이 편찬되어 세종 시대 문화의 꽃을 활짝 피우게 하였다. 집현전의 설치는 무엇보다 세종이 혼자만의 힘으로 국가의 정책 결정을 하지 않고 다수 인재들에게 학문 연구를 지원하고 그 성과를 국가의 정책으로 활용했다는 점에서 의미가 크다.

'인사가 만사의 근원'이라는 말은 세종 시대뿐만 아니라 현재에도 여전히 유효한 명언이다. 세종 시대를 찬란하게 만들었던 인재 등용의 힘이 우리의 시대에도 적극적으로 실현되기를 기대해본다.

2016.03.01

책에 빠진 정조와 이덕무

조선의 왕 중에서 최고의 성군으로 평가받는 세종과 정조는 방대한 책을 접했고, 이것은 창의적인 정책으로 이어졌다. 정조는 세손 시절부터 밤을 새워가면서 책을 읽었는데, 암살의 위협을 피하기 위한 방편의 하나라는 해석도 있다. 정조가 즉위 직후 왕실 도서관인 규장각을 세운 것도 왕과 신하가 먼저 책을 가까이 해야 한다고 믿었기 때문이었다.

정조가 세손 시절부터 다양한 서적을 읽었음은 "내가 춘저春邸 (세자궁)에 있을 때 평소 책에 빠져 북경에서 고가故家 장서藏書를 사왔다는 소식이 있으면 문득 가져와 보라고 하여 다시 사서 보았다. …경사자집經史子集을 갖추지 않는 것이 없는데, 이 책들은 내가 다 보았다"는《홍재전서》의 기록에도 보인다.

정조가 틈틈이 기록한 비망기 형식의 글인《일득록日得錄》에도

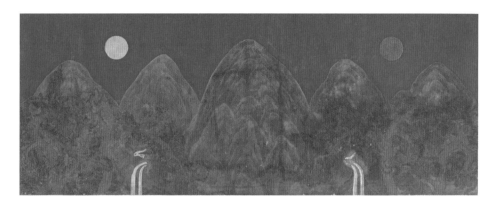

〈일월오봉도〉 부분, 조선시대, 목재 위 종이에 채색, 362×473㎝, 국립고궁박물관

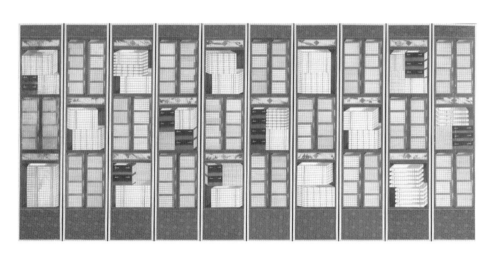

〈책가도병풍〉, 19~20세기 초, 비단에 채색, 206.5×45.5㎝, 국립고궁박물관

책을 좋아했던 정조는 어좌 뒤에 일반적으로 놓던 〈일월오봉도〉 대신 책가도를 병풍으로 배치할 정도였다. 사진은 경복궁 근정전 어좌 뒤 설치되었던 〈일월오봉도〉와 19~20세기 초 제작된 것으로 보이는 책가도이다.

"나는 어려서부터 책을 읽을 때마다 반드시 과정을 정해놓았다. 병이 났을 때를 제외하고는 과정을 채우지 못하면 그만두지 않았다. 왕이 된 후로 폐기하지 않았다"거나, "눈 내리는 밤에 글을 읽거나 맑은 새벽에 책을 펼칠 때 조금이라도 나태한 생각이 일어나면 문득 달빛 아래서 입김을 불며 언 손을 녹이는 선비가 떠올라 정신이 번쩍 뜨이지 않은 적이 없었다"는 글에서는 독서에 대한 정조의 열정이 확연히 드러나 있다.

정조 시대 규장각 검서관으로 활약하면서 편찬 사업에서 주도적인 역할을 한 학자 이덕무李德懋(1741~1793)는 스스로 '간서치看書痴(책에 미친 바보)'라 할 정도로 늘 책을 곁에 두고 읽었고 이를 손수 적어 기억했다. 이덕무의 벗 박지원은 이덕무 사망 후에 쓴 행장에서 그에 대해 "늘 책을 볼 때면 그 책을 다 읽은 다음에 꼭 베끼곤 했다. 그리고 항상 작은 책을 소매 속에 넣고 다니면서 주막이나 배에서도 보았다. 그래서 집에서는 비록 책이 없었지만 책을 쌓아둔 것과 다름없었다. 평생 읽은 책이 거의 2만 권이 넘었고, 손수 베낀 문자가 또한 수백 권이 되었다"며 책을 너무나 사랑한 벗을 회고했다.

이덕무 스스로 쓴 《청장관전서靑莊館全書》의 '간서치전看書痴傳'에는 "목멱산(남산) 아래 어떤 어리석은 사람이 살았는데, 어눌語訥하여 말을 잘하지 못하였다. 성격이 졸렬하고 게을러 시무時務를 알지 못하고, 바둑이나 장기는 더욱 알지 못하였다. …어렸을 때부터 21

정조, 〈정조필 국화도(보물 제744호)〉 부분, 조선시대, 86.5×51.3cm, 동국대박물관

방대한 독서로 뛰어난 지식을 자랑했던 정조는 시화에도 능했다. 사진은 정조가 직접 그린 작품으로 〈정조필 파초도(보물 제743호)〉와 함께 동국대박물관에 소장되어 있다.

보호 유리막이 설치되기 전 원각사지십층석탑(국보 제2호) 전경, 문화재청

이덕무, 박제가 등 서자 출신 지식인들은 백탑(원각사지십층석탑) 주변에 거주하여 백탑
시파라 불렸다. 국보 제2호인 원각사지십층석탑은 현재 서울 종로구 탑골공원 내에 보
존되어 있다.

세가 되기까지 일찍이 하루도 고서古書를 손에서 놓은 적이 없었다. 그의 방은 매우 작았다. 그러나 동창, 남창, 서창이 있어 동쪽 서쪽으로 해를 따라 밝은 데에서 책을 보았다. 보지 못한 책을 보면 문득 기뻐서 웃으니, 집안사람들은 그의 웃음을 보면 기이한 책을 구한 것을 알았다"고 기록했다.

늘 겸손하게 처신하며 책을 통해 모든 것을 얻으면서 스스로 '바보'라 했던 이덕무. 그러나 그는 결코 바보가 아니었다. 그의 왕성한 독서력과 해박한 지식은 책을 좋아하던 왕 정조와 환상의 조합을 이루면서 정조 시대 학문과 문화의 중흥을 이룩하는 데 중요한 발판이 됐다.

2017.11.23

문종이 앵두나무 심은 뜻

4월 5일 식목일은 2006년까지 공휴일이었으나, 공휴일이 너무 많다는 문제가 제기되어 가장 만만한(?) 식목일이 공휴일에서 제외되는 아픔을 겪었다. 아무래도 국토 황폐화를 막기 위한 산림녹화 사업이 어느 정도 정착되어 식목일을 따로 지정할 필요성이 사라진 것도 이유가 되었을 것이다. 식목일에 나무 심기가 전국적으로 장려되던 시기, 필자도 초등학교 4학년 식목일에 작은 동산에 한 그루 나무를 심은 것이 특히 기억이 난다. 선생님은 그 나무를 자신의 나무로 정해주고 매일 물을 주게 했는데, 졸업 후 30여 년 만에 찾은 그곳에 무성히 자란 나무를 보고 큰 보람을 느낀 적이 있다.

《문종실록》에는 문종이 왕세자 시절 한 그루의 앵두나무를 심은 기록이 나온다. 앵두는 앵도櫻桃라고도 하는데, 꾀꼬리가 잘 먹고 생김새가 복숭아와 비슷하다 하여 '앵도'라는 이름이 유래했다고 한다. 효심이 뛰어난 문종은 세종께서 몸이 편안하지 못하자 친히 복어鰒魚를 베어서 올려 세종이 이를 맛보게 하였고, 세종은 기뻐하여 눈물을 흘리기까지 하였다.

문종은 또 경복궁 후원後苑에 손수 앵두나무를 심어 직접 물을 주면서 정성껏 길렀다. 그리고 앵두가 익는 철을 기다려 세종께 올렸다. 세종은 이를 맛보고서 "외간外間에서 올린 것이 어찌 세자가 손수 심은 것과 같을 수 있겠는가"라고 하며 앵두를 즐겁게 먹었다고 한다.

문종의 효심이 깃든 나무여서인지 창덕궁과 창경궁에도 앵두나무가 많이 심어졌고, 눈이 밝은 관람객이라면 현재도 궁궐 곳곳에 숨어있는 앵두나무를 찾을 수가 있다.

조선시대에는 현재의 궁궐 과수원에 해당하는 장원서掌苑署에서도 앵두를 수확해서 주로 종묘 제사에 올리는 데 활용하였다. 성종 때에는 장원서에서 수확한 앵두가 '살이 찌고 윤택하지 않다'는 이유로 담당 관리가 문책을 당하기도 하였다.《중종실록》에는 1512년 여름에 "앵두를 승정원, 홍문관, 예문관에 내렸다"는 기록이 보이는데, 앵두 수확은 궁궐 신하들의 마음을 풍성하게 해주었을 것으로 여겨진다.

문종은 8세에 왕세자로 책봉되어 29년간 세자로 있으면서, 질환으로 힘든 시기를 보낸 세종을 잘 보필하면서 많은 업적을 만들어 낸 숨은 공로자였다. 세종의 업적으로 알려진 측우기 발명, 4군

장원서 터 비석

문종은 세종을 위해 앵두나무를 심었는데 조선시대 과수원인 장원서에서도 앵두를 심어 종묘 제사에 활용하였다. 성종 때는 장원서에서 수확한 앵두가 부실하여 관리자가 문책을 당하기도 했다. 현재 정독도서관 근처에 장원서 터였음을 알리는 비석이 있다.

6진 개척에 활용한 화차火車 발명,《고려사》편찬은 실상 문종이 주도한 것이었다.

1450년 2월 세종이 승하하자, 문종은 예법을 다해 헌신적으로 2년 3개월간의 삼년상을 치렀다. 그러나 이것은 건강 악화로 이어졌고, 문종이 38세의 짧은 생을 마감하는 주요 원인이 되었다.《문종실록》에도 "세종이 병환이 나자 근심하고 애를 써서 그것이 병이 되었으며, 상사喪事를 당해서는 너무 슬퍼하여 몸이 바싹 여위셨다. 매양 삭망절제朔望節祭에는 술잔과 폐백을 드리고는 매우 슬퍼서 눈물이 줄줄 흐르니, 측근 신하들은 능히 쳐다볼 수가 없었다"는 기록이 이를 잘 보여준다. 아버지 세종을 위한 문종의 효심을 떠올리면서, 주변에 나무 한 그루를 심는 것도 의미가 있을 것 같다.

2017.04.05

왕의 형으로 사는 비운

2017년 2월 말레이시아 쿠알라룸푸르 공항에서 김정남이 피습됐다. 김정일의 장남임에도 동생 김정은이 최고 권력자가 되는 상황에서 마카오 등을 전전했던 김정남이 타국에서 비참한 최후를 맞이했다. 살아있는 왕의 형의 존재는 조선왕조에도 정치적으로 큰 부담이었다. 장자 세습이 원칙인 조선에서 동생이 왕이 되는 것을 지켜보고 불우한 삶을 살아갔던 왕의 형들의 사례는 의외로 많다.

조선사회에서 살아있는 왕의 형으로 살아간다는 것은 결코 쉬운 일이 아니었다. 부왕인 태종에 의해 왕세자의 자리를 박탈당하고 동생인 충녕대군(후의 세종)에게 왕의 자리를 양보한 양녕대군(1394~1462)은 한양을 떠나 이천 등지에서 풍류로 생을 보냈다. 살아있는 형의 존재는 세종에게도 정치적 부담이었고, 기행을 일삼는 양녕대군에 대한 처벌 논의도 있었지만, 세종은 그때마다 형을

변호했다. 1년에 한 번은 한양에 불러 음식을 대접하면서 형제의 우애를 보이기도 했다. 살아있는 형을 제대로 대접한 모습은 후대의 사례와 비교할 때 세종의 훌륭한 인품을 잘 보여주고 있다. 동생의 배려 속에 양녕은 1450년 54세로 세종이 승하한 이후에도 12년을 더 살았고 당시로는 장수인 69세로 생을 마감했다.

성종의 형인 월산대군은 비운의 인물이었다. 1469년 예종이 승하한 후, 예종의 아들 제안대군은 4세로 너무 어려 왕위를 계승하

지 못하는 상황이었다. 이에 예종의 형 의경세자의 장남인 월산대
군(1454~1488)은 왕위 계승 1순위로 떠올랐다. 그러나 왕위는 의외
로 동생인 잘산군(후의 성종)이 계승했다. 잘산군의 장인 한명회가
대비인 정희왕후를 움직인 것이었다. 왕의 형으로 사는 것에 부담
을 느낀 월산대군은 정치 현실을 떠나 은둔해 살다가 35세의 짧은
생을 마감했다.

왕의 형으로 정치에 휘말려 희생을 당한 대표적인 인물은 임해
군이다. 임해군은 선조와 공빈 김씨 사이에서 태어난 아들로 광해
군의 형이었으나, 왕자 시절부터 성격이 포악하고 후계자의 자질
이 모자란다는 이유로 동생이 왕이 되는 것을 지켜보아야만 했다.
그리고 1609년, 본인도 적통이 아니어서 왕통에 부담을 느끼고 있
던 광해군에 의해 사병을 길러 역모를 꾀한다는 혐의로 진도를 거
쳐 강화도 교동도에 유배된 후 살해됐다. 처음에는 병사한 것으로
알려졌지만 인조반정 후 기획된 살인임이 밝혀졌다.

아버지에 의해 왕위에 오를 수 있었던 고종에게도 동복형 이재
면(1845~1912)이 있었다. 이재면은 흥선대원군의 장남으로, 1863년
철종의 뒤를 이어 왕위에 오를 기회가 왔지만 19세의 나이가 부담
이 됐다. 섭정을 계획한 흥선대원군에게는 12세의 아들 재황(후의
고종)이 왕이 되는 것이 편했던 것이다. 고종에게는 이재선이라는
이복형도 있었는데, 고종과 흥선대원군이 대립하는 과정에서 아버
지를 지지하다가 1881년 역모 혐의로 처형을 당했다.

조선왕조에서도 왕의 형으로 살아간다는 것은 결코 쉽지 않은 길임을 확인할 수 있었다. 왕조처럼 3대의 권력 세습이 행해져서일까. 죽음조차 왕조의 모습을 그대로 빼닮은 김정남의 최후에 대해서 씁쓸한 느낌을 지울 수가 없다.

2017.02.21

광해군의 분조 활동

2017년 임진왜란 때 광해군(1575~1641, 재위 1608~1623)의 분조分朝
활동을 다룬 영화 〈대립군代立軍〉이 상영되었다. 대립군은 생활이
어려워 남을 대신해서 군역을 대신하는 사람들로, 광해군이 대립
군과 직접 만난 기록은 없지만, 광해군의 분조에 이름 없는 의병이
활약한 역사적 사실에 착안해 영화를 제작했다.

1592년 임진왜란이라는 최대의 국난을 당한 시기, 선조는 4월
29일 광해군을 왕세자로 삼고 '분조'를 이끌게 했다. 분조는 '조정
을 둘로 나눈다'는 뜻으로, 사실상 임시정부의 성격을 띠고 있다.
왕인 선조가 있는 대조大朝에 변고가 생기면, 분조가 정부를 계속
유지해야 한다는 의지가 담겨 있다. 1592년 6월 평양성에 있던 선
조는 서북쪽으로 피란을 떠났고, 6월 14일 분조가 구성됐다. 선조
는 광해군에게 강계로 향할 것을 명하였고 영의정 최흥원, 병조판

서 이헌국, 우찬성 정탁 등 15명의 대신이 분조를 돕게 했다. 1593년 1월 왕명으로 분조가 해체될 때까지 광해군은 7개월간 전시 임시정부의 구심점으로 활약하며 의병들의 항전을 독려했다.

당시 분조에 참여했던 정탁은 이때의 기록을 《피란행록避亂行錄》으로 남겼는데, 이를 통해 분조의 정황을 구체적으로 파악할 수가 있다. 분조는 6월 14일 영변을 떠나 맹산, 양덕, 곡산 등을 거쳐 7월 9일 강원도 이천伊川에 도착해 이곳에서 20일간 머물렀다. 여름철이어서 자주 비가 내렸고 광해군 일행은 민가에서 자거나 노숙을 하면서 어려움을 견뎠다. "산길이 매우 험하여 열 걸음을 걸으면 아홉 번을 넘어져 일행 대소 관원 모두가 고생했다"는 기록은 어려웠던 정황을 생생히 증언하고 있다.

자신의 안위를 위해 중국 요동의 근접 지역으로 피란을 가는 선조의 모습과 대조적으로 광해군은 일본군이 사방을 둘러싸고 있는 전장에서 전시 정부를 지휘하며 리더로 성장해갔다. 광해군의 분조가 자리를 잡자 피란을 갔던 관리들이 모여들었고, 백성들에게는 희망의 공간으로 떠올랐다. "대저 평양을 지키지 못한 이후부터 온 나라 백성들이 대가大駕가 있는 곳을 알지 못하여 크게 우러러 전하를 사모하고 슬퍼하고 있다가, 동궁께서 오셨다는 소식을 듣고 인심이 기뻐하며 마치 다시 살아난 것 같았습니다. …사람들이 세자께서 오셨다는 소식을 듣고 감격하지 않은 이가 없어서 심지어 눈물을 떨구는 자도 있으며, 경기도의 의병들이 곳곳에서 봉기

해 서로 앞을 다투어 적을 잡아서 적세가 조금 꺾이고 있습니다"는
《피란행록》의 기록은 분조가 의병 봉기의 컨트롤타워가 됐음을 증
언하고 있다.

광해군의 분조 활동은 7개월간의 짧은 기간이었지만, 임진왜란
초반 치열한 격전기에 전세를 역전시키는 데 큰 역할을 했다. 광해
군은 분조 활동을 통해 위기관리 능력을 훌륭히 수행했고, 왕위에
오른 후 외교 분야에서 탁월한 능력을 보여 주었다. 그러나 정권
후반기 측근 세력의 등용과 반대파에 대한 정치 보복, 무리한 토목
사업 등으로 말미암아 결국 1623년 인조반정으로 폐출되기에 이
르렀다. 광해군의 사례를 통해 초심을 유지하며 성공적인 왕으로
기억되는 것이 결코 쉽지 않다는 점을 상기해야 할 것이다.

2017.06.28

왕의 초상, 어진

국립고궁박물관에서 기획전시를 하고 있는 '조선 왕실의 어진과 진전' 전시회를 다녀왔다. 이번 전시에는 왕의 어진御眞을 모두 모았고 윤증, 채제공, 흥선대원군 등 쟁쟁한 인물의 초상도 함께 전시하고 있었다.

조선시대에는 고려시대의 전통을 계승해 왕의 초상인 어진을 제작하고, 어진만을 특별히 보관하는 진전을 설치했다. 태조의 어진만을 받드는 진전은 여러 곳에 마련됐고, 후대 왕의 어진은 궁궐 내에 선원전을 설치해 보관했다. 조선은 27명의 왕을 배출했지만 당대의 실물 모습이 그대로 남아 있는 어진은 태조, 영조, 철종, 고종, 순종 5명뿐이다. 시대별로 역대 왕의 어진을 제작해 창덕궁의 선원전 등에 보관했지만, 1950년 6·25전쟁이 일어나면서 부산으로 옮겨 보관한 어진 대부분이 화재로 소실됐기 때문이다.

이한철, 〈철종 어진(보물 제1492호)〉, 1861년, 비단에 채색, 202.3×107.2㎝, 국립고궁박물관

54

마지막 어진화사 김은호가
세조의 어진을 모사하는 모습

현재의 철종 어진은 좌측면 절반 가량이 불에 타 훼손된 모습이며, 순조의 아들인 효명세자(문조로 추존) 어진에도 화재 흔적이 남아 있다. 우리에게 가장 익숙한 만 원권 지폐의 세종대왕은 후대 기록을 바탕으로 그린 상상의 초상이다.

왕의 초상을 '어진'이라 한 것은 터럭 한 올도 놓치지 않고 왕의 참 모습을 그대로 남기려는 의지에서다.

어진은 인물의 외형적인 모습뿐 아니라 내면의 성격까지 정확히 파악해 화면에 담아야 했기에 '정신을 옮긴다'는 의미에서 '전

신(傳神'이라는 표현을 썼다. '전신'에서는 안면 근육, 광대뼈, 뺨, 수염 어느 것 하나 소홀히 할 수 없었다. 살아있는 왕을 직접 그리는 것을 도사(圖寫)라 했고, 기존의 어진을 참고해 다시 그리는 것을 모사(模寫)라 했다.

어진 제작 때에는 임시기구인 도감이 구성됐으며, 당대 최고의 화원이 동원됐다. 주관화사라 불리는 최고 화원이 왕의 얼굴과 전체 윤곽을 그렸으며, 주관화사를 돕는 동참화사와 그림에 필요한 각종 잡일을 하는 수종화원으로 팀을 구성했다. 왕의 얼굴만을 보는 것만으로도 최고의 영광이자 두려움이었을 것인데 그 외모, 성격, 정신까지 그림으로 옮겨야 했으니 어진 제작의 과정은 그만큼 공력이 들어가고 긴장감이 감도는 작업이었을 것이다.

현존하는 어진에는 왕의 특징이 나타난다. 1396년 청룡포를 입은 태조를 그린 어진(1872년에 다시 모사함)에서는 무인다운 강인함이 엿보이며, 어진 속 영조의 모습은 치밀하고 깐깐했던 성격이 그대로 드러난다. 영조는 왕이 되기 전 왕세제 시절의 어진까지 남아 있는데, 젊은 시절 체형이 노년기에도 유지됨을 볼 수 있다.

영조는 83세로 조선 왕 중 최장수 기록을 세웠다. 채식위주 식단과 철저한 건강관리가 장수의 비결이었는데, 어진에서도 이러한 면모가 확인되는 것이다. 강화도령으로 있다가 세도정치 시기 정치적 입김 속에 왕이 된 철종의 얼굴과 눈매에는 독자적으로 왕권을 행사하지 못했던 불안한 모습이 나타나 있다.

진재해, 〈연잉군 초상(보물 제1491호)〉 부분,
1714년, 비단에 채색, 전체 244×98cm,
국립고궁박물관

조석진·채용신, 〈영조 어진(보물 제932호)〉 부분,
1900년, 비단에 채색, 전체 169.2×73cm,
국립고궁박물관

영조의 어진과 연잉군 시절의 초상. 젊은 시절 체형이 노년에도 유지되는데 채식 위주
식단과 철저한 건강관리로 조선 왕 중 최장수 기록을 세운 영조의 모습을 엿볼 수 있
다. 어진에서는 영조의 치밀하고 깐깐했던 성격이 그대로 드러나 보인다.

조중묵·박기준, 〈조선태조어진(국보 제317호)〉, 1872년, 비단에 채색, 218×156㎝, 전주 경기전

어진을 통해 역사책에 등장하는 상상 속 왕의 모습이나 드라마 속 연기자가 연기한 왕이 아닌, 왕의 실제 모습을 접해 보기를 권한다. 그리고 왕들이 만들어갔던 역사와 그 숨결도 느껴보았으면 한다.

2015.12.29

조선시대 국장과 왕릉

2015년 11월 22일 한국 현대사의 산 증인이자 민주화의 거목이었던 김영삼 전 대통령이 89세의 나이로 서거했다. 장지는 국립서울현충원 제3장군 묘역 능선으로, 26일 국가장國家葬이 엄수됐다.

조선시대에도 왕이 승하하면 국장이 행해졌다. 왕과 왕비의 장례는 국장國葬, 세자와 세자빈의 장례는 예장禮葬, 황제의 장례는 어장御葬이라 했다. 《조선왕조실록》에는 왕의 사망을 "상上이 승하하였다"고 표현하고 있다.

역대 왕이 가장 많이 사망한 공간은 왕의 침전으로, 창덕궁의 침전인 대조전에서는 성종, 인조, 효종, 철종 등이 승하했다. 왕이 사망한 다음 달에는 새 왕이 전 왕의 묘호廟號(종묘에 신주를 모실 때의 호칭), 능호陵號(왕릉의 호칭), 시호諡號를 정해 올리게 했다. 또한 왕의 평생 행적을 기록한 행장과 묘지문에 담을 내용을 고위 신료들이

창덕궁 대조전(보물 제816호) 내부. 문화재청

창덕궁의 대조전은 역대 왕이 가장 많이 사망한 공간이다.

| 태조 왕릉 건원릉, 유네스코세계유산

분담해 작성하여 고인의 업적을 기렸다.

발인이 시작되면 왕의 관은 궁궐을 떠나 노제路祭를 거쳐 장지, 즉 미리 조성한 왕릉에 도착했다. 도착 후 하관 의식이 끝나면 우제虞祭(시신 매장 후 혼령을 위로하는 제사)를 지내고, 가신주假神主를 모시고 궁궐로 돌아왔다. 가신주를 안치하고 나면 왕실의 장례를 주관했던 임시 관청인 국장도감은 그 업무를 종결하고 해산됐다. 가신주는 3년 상이 끝난 후 종묘에 안치했다.

조선시대 왕릉 조성에서 우선적으로 고려된 것은 풍수지리와 지역적 근접성이었다. 풍수적으로 명당이면서도 한양에서 크게 벗어나지 않는 곳에 왕릉을 조성했다. 후왕들이 자주 선왕의 능을 참

구리 태조 건원릉 신도비(보물 제1803호), 문화재청

조선을 개국한 태조 이성계(1335~1408, 재위 1392~1398)의 건국 과정을 비롯
하여 생애와 업적 등을 기리기 위해 일대기를 새겨 넣은 비석이다. 이 신도비
는 1409년(태종 9)에 세웠다.

사적 제193호로 지정된 동구릉은 명당이라 그런지 총 9기의 왕릉이 조성되어 있다. 사진은 문조로 추존된 효명세자의 왕릉이다.

배하려면 거리가 가까워야 했기 때문이다. 현재 남아 있는 왕릉 대부분이 서울과 구리, 고양, 파주 등 경기 북부 지역에 분포된 것도 이러한 이유와 관련이 크다. 한강 이남에 조성된 왕릉이 적은 것은 뱃길을 이용하는 데 따르는 부담이 컸기 때문이다.

동구릉이나 서오릉처럼 왕실의 무덤이 한 지역에 집중적으로 조성된 것도 주목되는데, 이것은 선왕의 무덤에 함께 묻히고 싶어 하는 후대 왕의 의지가 반영되고 같은 경역 내에 왕릉을 조성하면 관리가 용이해서였다. 조선의 첫 왕인 태조의 무덤 건원릉은 양주

검암산 자락, 현재의 구리시 일대에 조성됐고, 명당이라 그런지 이후에도 문종(현릉), 선조(목릉), 현종(숭릉), 영조(원릉), 헌종(경릉) 등 여섯 명의 왕이 뒤를 이었다.

동구릉에는 두 명의 왕비 무덤과 문조(익종)로 추존된 효명세자의 무덤을 합해 총 9기의 왕릉이 조성돼 동구릉이라 칭하고 있다. 조선시대 27명의 왕 중 6명의 왕(22.2%)의 능이 이곳에 조성됐고, 조선의 왕과 왕비가 가장 많이 묻혀 있다는 점에서 동구릉은 조선시대판 국립현충원과 같은 분위기를 보여준다.

조선시대 왕실의 국장은 최대의 예법을 다해 엄수됐으며, 국장의 과정을 기록과 그림으로 정리한 의궤儀軌를 작성해 보관했다. 이들 기록은 후대의 국장에도 참고해 전례를 계승하도록 만든 것이지만 현재에도 조선왕실 국장의 현장 모습을 생생히 접할 수 있게 한다. 김영삼 전 대통령의 국가장 관련 기록도 체계적으로 정리해 후대의 전범으로 삼아 나가야 할 것이다.

2015.12.01

2

시대의 위인을
조명하다

시대를 앞서간 예술인, 신사임당

3월 8일은 세계 여성의 날이다. 세계 여성의 날은 1908년 열악한 작업장에서 화재로 불타 숨진 여성들을 기리며 미국 노동자들이 궐기한 날을 기념하는 날로 1975년부터 매년 3월 8일 유엔에 의해 공식 지정됐다.

성리학 이념이 조선시대를 지배했기 때문에 남성에 비해 여성들은 사회 전 분야에서 많은 차별을 받았다. 능력이 있어도 여성이라는 이유로 아버지, 남편, 자식에 대한 삼종지도三從之道를 따르며 조용히 생을 마친 여성이 대부분이었다.

조선의 대표적인 여성상으로 현모양처의 대명사로 인식하고 있는 신사임당(1504~1551)은 실상 시대의 한계를 극복하면서 자신의 재능을 꽃피운 여성이었다. 신사임당은 1504년 강원도 강릉 북평촌에서 아버지 신명화와 어머니 용인 이씨 사이에서 태어났다. 사임당은 당호로서 중국 고대 주周나라의 문왕의 어머니 태임太任을 본받는다는 뜻을 담고 있다. 어릴 때부터 경전에 통달하고 글을 잘 지었으며 글씨와 그림에 뛰어났고, 또 바느질에 능해 수놓은 것까지도 정묘하지 않은 것이 없었다. 안견의 산수화를 보면서 모방해 그렸고, 풀벌레와 포도를 그리는 데 남다른 재주가 있었다.

오늘날 사임당은 율곡 이이를 낳은 어머니의 관점에서 주로 기억되지만, 사임당 생존 때나 사후 가까운 시대를 살았던 16세기 지식인들에게 그녀는 어머니나 부인이 아닌 화가 '신씨'였다. 특히 산수도와 포도, 풀벌레를 잘 그린 화가로 그 명성이 자자했다.

조선후기의 문신 송상기가 쓴 《사임당화첩》 발문에는 "이 화첩을 보니 꽃과 오이 등의 여러 물건이 하나하나 정밀하고 오묘하게 표현되었다. 벌레나 나비 등은 더욱 신묘한 경지에 들어가 마치 살아 움직이는 듯하니 붓으로 그린 물건 같지가 않다. 이에 집안 사람이 소장하고 있던 그림도 이와 같았을 것이며, 내가 그에게서 들은 말이 거짓이 아니었음을 비로소 알게 되었다"고 했는데 그만큼 사임당의 예술적 자질이 후대에까지 높은 평가를 받았음을 알 수 있다.

사임당은 글씨에도 자질을 보여, 지금까지도 해서楷書 1폭, 초서草書 6폭, 전서篆書 2폭이 전해온다.

사임당의 이미지는 그녀 사후 100여 년이 지난 17세기 후반부터 점차 변화하면서 '신부인申夫人'이나, '이공李公 부인'으로 호칭되

| 전 신사임당, 〈초충도〉, 조선시대, 32.8×28㎝, 종이에 채색, 국립중앙박물관

전 신사임당, 〈초충도〉, 조선시대, 32.8×28cm, 종이에 채색, 국립중앙박물관

기 시작한다. 이러한 흐름을 주도한 대표적인 인물은 조선후기 정치가이자 학자인 송시열이었다. 이이의 제자인 김장생의 학문을 계승한 서인의 영수 송시열은 사임당의 예술적 자질보다는 이이의 어머니인 그녀의 여성성과 모성상을 강조했다. 이러한 흐름은 일제 강점기를 거쳐 최근까지 이어졌고, 사임당은 현모양처의 전형적인 조선 여성으로 기억되고 있는 것이다.

사임당 이외에도 허균의 누이로 그 시가 중국에까지 알려진 천재 시인 허난설헌이나, 기생의 신분이었지만 탁월한 학문적 재능을 지녔던 황진이 등도 시대의 한계에 맞선 여성들이었다. 세계 여성의 날을 맞아 우리 역사 속에서도 시대의 한계에 맞서 자신의 삶을 개척한 선구적인 여성들의 모습에도 관심을 기울였으면 한다.

2017.03.08

1636년 병자호란,
남한산성의 두 사람 김상헌과 최명길

1636년(인조 14년)의 병자호란을 소재로 한 영화 〈남한산성〉이 많은 사람의 관심을 끈 적이 있다. 비록 380년 전의 역사이지만 국방이나 외교에 대한 적절한 대책 없이 무모하게 전쟁을 수행하다가 당한 치욕은 현재에도 시사점을 주는 바가 많기 때문일 것이다.

1636년 4월 후금後金은 국호를 청淸으로 바꾸고 수도를 심양에 정하면서 본격적으로 중원 장악의 기틀을 마련했다. 누루하치의 뒤를 이은 청 태종 홍타이지는 스스로 황제라 칭하며 명나라에 대한 총력전을 선언했다. 그리고 그 전 단계로 조선에 대해 군신君臣 관계를 맺을 것을 요구해왔다.

전통적으로 오랑캐라 멸시했던 여진족의 군주에게 사대事大하라는 요구는 국왕 인조를 비롯한 정치세력 모두의 자존심을 자극하는 처사였다. 최명길 등 일부 신료들이 주화론主和論이라는 타협

비극적인 역사가 서려있는 남한산성(사적 제57호), 문화재청

방안을 제시했지만 척화론斥和論을 주장하는 김상헌 등의 목소리가 우세했고, 조선 조정은 숙명처럼 전쟁을 받아들였다. 조선은 청에 대한 강경 노선을 고수했지만, 청나라는 동아시아 최강국으로 성장한 군사강국이었다.

1636년 11월 말 청 태종은 팔기의 군사가 집결한 심양에서 직접 군사를 이끌고 조선을 공격할 것은 선언했다. 총병력 12만 8,000여 명 가운데는 몽골인 3만 명과, 한족 2만 명이 포함되어 있었다. 12월 2일 청군은 심양을 출발하여, 12월 8일 마부대가 이끄는 기병 6,000여 명이 별다른 저항을 받지 않고 얼어붙은 압록강을 건넜다. 기마병을 중심으로 질풍같이 쳐들어 온 청군은 압록강을 넘은 지 5일 만에 서울을 점령하였다. 별다른 방어 없이 우왕좌왕하던 인조와 조정 대신들은 서둘러 강화도 피난길에 나섰지만 청군의 선발대가 양화진 방면으로 진출하여 강화도로 가는 피난길도 끊어져 버렸다. 인조 일행은 할 수 없이 남한산성으로 발길을 돌렸지만, 12월 15일 남한산성은 완전히 포위되었다.

남한산성을 둘러싼 청군은 포위망을 구축하고 장기전으로 들어갔다. 성안에는 1만 4,000여 명의 인원이 약 50여 일을 버틸 수 있는 식량이 있었다. 홍이포로 무장한 청군의 공세 속에 조선과 청군 사이에는 여러 차례의 협상이 오고 갔다. 특히 1월 22일 강화도가 함락되면서 청과 화의를 맺어야 한다는 주장에 힘이 실렸다. 김상헌, 윤집, 홍익한, 오달제 등은 끝까지 척화론을 주장했지만, 결국 최명길이 총대를 메고 인조가 항복하는 내용의 문서를 작성하였다. 최명길의 옆에 있던 김상헌은 이를 갈기갈기 찢어 버렸다. 찢어진 국서를 최명길이 다시 모아 붙이는 해프닝 속에서 항복 문서가 작성되었다. 최명길은 김상헌이 찢은 국서를 다시 붙이면서 "대감의 나라를 위한 충성은 모르는 바 아닙니다. 그러나 나 역시 나라와 백성의 안전을 위해 이러는 것입니다. 대감께서 이 국서를 또 찢으시면 나는 다시 붙이겠습니다"라고 했다.

1637년 1월 30일 아침, 산성에서의 격론 끝에 인조는 항복을 주장하는 주화파들의 주장을 받아들여 남한삼성을 내려왔다. 청나라

장수 용골대와 마부대는 조선 국왕 인조가 빨리 성밖으로 나올 것을 재촉했다. 참담하고도 비통한 표정이 얼굴에 가득한 채로 인조는 삼전도三田渡(지금의 잠실 석촌호수 부근)로 향했다. 청 태종이 거만한 자세로 지켜보는 가운데서 치욕적인 항복 의식이 행해졌다. 인조는 세자와 대신들이 지켜보는 가운데 청나라 군사의 호령에 따라 '삼배구고두三拜九叩頭(세 번 절하고 머리를 아홉 번 조아림)'의 항복 의식을 마쳤다.

야사의 기록에는 당시 인조의 이마에는 피가 흥건히 맺혔다는 이야기가 전해질 정도로 당시의 비참했던 상황에 조선의 온 백성은 치를 떨고 분노했다. 이전까지 오랑캐라고 업신여겼던 청나라에게 당한 치욕이었기에 국왕, 신하, 백성 모두가 참담한 패배의식에 빠졌다. 전쟁의 여파로 인조의 두 아들인 소현세자와 봉림대군이 인질로 잡혀가고 수많은 조선인들이 포로로 끌려가 청나라 노예시장에 팔려가는 등 패전국의 아픔을 톡톡히 겪게 되었다.

인조의 항복으로 전쟁은 종결됐지만, 남한산성에서 맞섰던 두 사람은 청나라 수도 심양에서 다시 만났다. 전쟁이 끝난 후 청에서는 척화파 대표 김상헌을 심양으로 보낼 것을 요구했고, 1640년 12월 심양으로 간 김상헌은 1645년 2월 석방될 때까지 억류됐다. 최명길은 명나라와 비밀리에 외교를 했다는 이유로 청에 압송돼 1642년 심양으로 끌려가 1643년 2월 남관의 감옥으로 이송됐다. 그런데 이곳에는 이미 억류돼 있던 김상헌이 있었다. 남한산성에

작자미상, 〈이시백 초상〉, 조선시대, 74.2×53.1cm, 비단에 채색, 국립중앙박물관

병자호란 당시 남한산성의 수어사였던 이시백

〈최석정 초상(보물 제1936호)〉 부분, 조선시대, 전체 201×97㎝, 비단에 채색, 국립청주박물관

최명길의 손자 최석정은 당시 유럽에도 알려지지 않았던 '9차 직교라틴방진'을 발견한 최고의 수학자다. 실리를 추구한 조부처럼 그는 과거를 볼 수 없는 권희학의 총명함을 알아보고 항역에서 면제시켜 벼슬길을 열어준 바 있다.

서 치열한 논리 대결을 펼쳤던 두 사람이 청의 심양 감옥에서 함께 갇히는 운명을 맞은 것이다.

당시 두 사람은 함께 시를 주고받았는데, 이 시에는 서로 상대방을 인정했음이 나타난다. 최명길은 김상헌이 변함없이 절개를 지킨 것에 존경의 뜻을 표시했고, 김상헌 역시 최명길이 자신의 이익을 위해서가 아니라 조선을 위해 일관된 행동을 보인 것을 이해하게 됐다. 척화파와 주화파로 다른 정치노선을 걸었던 두 사람. 이들에 대한 평가는 조선후기에는 극단으로 나타났다. 김상헌이 충절의 상징으로 존숭의 대상이 된 반면 최명길의 실리외교는 비난의 대상이 됐다. 최근에 이르러 명분보다 국가와 백성을 우선시한 최명길의 실리적 외교 수행에 대한 재평가가 이루어지고 있는 것은 그나마 다행스럽다.

1636년의 병자호란은 준비되지 않은 상황에서 명분만 강조한 강경 외교가 얼마나 큰 우를 범하는지를 생생하게 기억시켜 줬다. 그리고 남한산성은 그 아픈 역사를 지켜본 공간이다. 남한산성은 역사성과 함께 문화재적 가치를 인정받아 2014년 유네스코 세계유산으로 지정됐다.

2017.10.12

기억해야 할 여성 독립운동가들

8월은 다른 어느 달보다 나라와 민족의 중요성을 깨닫게 해준다. 1910년 8월 22일 창덕궁 흥복헌에서 합병조약이 체결되고, 8월 29일 대한제국은 일제에 강제병합됐다. 그리고 1945년 8월 15일 우리 민족은 36년 만에 광복을 맞이했다.

광복의 과정에는 국가와 민족의 독립을 위해 활약한 독립운동가의 헌신적인 노력과 희생이 있었다. 김구, 윤봉길, 이봉창, 김상옥, 박열 등 우리는 많은 독립운동가의 이름을 기억하고 있지만, 유관순 의사를 제외하면 여성 독립운동가의 존재와 활동에 대해서는 알고 있지 못한 경우가 많다. 최근 〈암살〉이나 〈밀정〉과 같은 영화에서도 일부 언급됐지만, 여성 독립운동가의 활동도 줄기차게 전개됐음을 주목할 필요가 있다.

안중근의 어머니 조마리아(1862~1927) 여사는 아들이 순국한 후

〈안중근 유묵〉, 독립기념관

안중근 의사의 유묵으로 장부는 비록 죽더라도
마음이 무쇠와 같고, 의사는 위험이 닥쳐도 그
기개가 하늘에 사무친다라는 내용이다.

안중근의 어머니
조마리아 여사

안 의사의 아내와 아이들이 있는 러시아로 이주한 후 러시아 동부 각지를 순회하며 동포들의 민족의식과 독립의식 각성에 크게 기여했다. 1922년에는 상하이로 들어와 대한민국 임시정부의 활동을 적극 지원했다.

남자현南慈賢(1872~1933) 의사는 〈암살〉 여주인공의 실제 모습과도 많이 닮아 있다. 남편이 의병으로 일본군과 싸우다 전사한 후 유복자를 기르며 독립운동에 투신했다. 1919년 3·1운동 후 중국 요녕성으로 이주해 서로군정서에 가입했으며, 10여 개의 여자교육회를 설립해 여권 신장에도 힘을 기울였다. 1925년 일본 총독 사이토를 암살하기 위해 국내에 잠입했다가 실패한 후 만주 지역에서 독립운동 단체의 협력에 힘을 기울였고, 1933년 다시 만주국 일본전권대사 살해 시도 후 체포되어 하얼빈에서 순국했다.

윤희순尹熙順(1860~1935) 의사는 한말 최초의 여성 의병장으로 꼽히는 인물이다. 1895년 단발령이 계기가 돼 일어난 을미의병, 1907년 군대의 강제 해산으로 일어난 정미의병 때 여성으로 구성된 의병대를 조직해 항전했다. 의병 활동을 독려하기 위해 '안사람 의병가' 등 의병가를 짓기도 했다. 나라를 빼앗긴 후에는 중국으로 망명해 1935년까지 요동 지역을 중심으로 항일운동을 전개하다가

〈유관순 수형 기록 문서〉, 독립기념관

순국했다.

　최초의 여성비행사 권기옥權基玉(1901~1988)은 비행사가 돼 조국의 독립운동을 도운 인물이다. 3·1운동을 전후한 시기 평양을 중심으로 독립운동을 전개한 권기옥은 중국으로 망명한 후, 1923년 중국의 운남육군항공학교에 입학해 비행사가 됐다. 이후 중국 공군의 비행사로 복무하면서 항일전선에서 활약을 했으며, 1943년 중경 임시정부에서는 한국애국부인회를 조직해 여성의 독립사상을 고취시키는 데 힘을 기울였다.

　이외에도 미국으로 건너가 재미한국인의 애국정신을 고취한 김마리아(1891~1944) 선생, 남편인 신채호 선생과 함께 독립운동에 투신하고 간호사 출신의 독립단체인 '간우회'를 조직, 헌신한 박자혜 朴慈惠(1895~1943) 선생도 있다. 잃어버린 나라의 주권을 찾기 위해 생애를 바친 수많은 여성 독립운동가의 활동과 노력은 독립운동에 큰 힘이 되었고, 광복이라는 열매의 쟁취에 일조를 했다. 뜨거운 날들이 계속되는 8월, 조국을 위해 뜨겁게 살아갔던 여성 독립운동가들의 이름을 기억했으면 한다.

2017.08.24

'의병의 날'과 곽재우

5월이 지나고 6월이 다가오면 모두의 마음이 숙연해진다. 6월은 호국보훈의 달로서, 현충일과 6·25전쟁, 연평해전 등 호국선열에 대한 추모의 정이 깊어지는 달이기 때문이다. 2011년부터는 '의병의 날'이 제정되어 6월의 의미가 더욱 깊어지고 있다.

'의병의 날'은 국가가 위기에 처했을 때 자발적으로 일어난 의병의 역사적 의의를 되새기고, 이들의 애국·애족정신을 국민 통합과 국가 발전의 원동력으로 삼을 수 있도록 하자는 취지에서 제정됐다. 임진왜란 때 곽재우郭再祐(1552~1617)가 의령에서 최초로 의병을 일으킨 음력 4월 22일을 양력으로 환산해 '호국보훈의 달' 첫째 날인 6월 1일로 제정했다. 2011년 제1회 의병의 날 기념식은 경남 의령에서 개최됐다.

곽재우는 전형적으로 노블레스 오블리주(사회지도층의 도덕적 책

| 곽재우 장군의 승전지 의령 정암진

임진왜란 당시 최초로 의병이 왜군과 싸워 승리했던 곳으로, 솥처럼 생긴 바위가 있어
정암진이란 이름이 붙여졌다.

무)를 실천한 인물이었다. 《선조실록》에는 "의령에 사는 유생 곽재
우는 젊어서 활쏘기와 말타기를 연습했고 집안이 본래 부유했는
데, 변란을 들은 뒤에는 그 재산을 다 흩어 위병을 모집하니 수하
에 장사들이 상당히 많았다. 가장 먼저 군사를 일으켰다"고 기록하
고 있다. 40세가 넘은 고령이었지만, 곽재우는 국가 위기를 좌시하
지 않았다.

'홍의장군紅衣將軍'에 대한 유래도 흥미롭다. 곽재우는 그 아버지
가 명나라 북경에 갔을 때에 황제가 하사한 붉은 비단 철릭帖裏을

입고서, 장사들을 거느리고 의령현 및 낙동강가를 누볐다. "왜적을 보면 그 수를 불문하고 반드시 말을 달려 돌격하니, 화살에 맞는 적이 그를 보면 바로 퇴각하여 달아나 감히 대항하지 못했다. 왜적에게 사로잡혔던 사람이 돌아와 왜적들이 이 지방에는 홍의장군이 있으니 조심하여 피해야 한다고 했다"는 기록에서, 당시 홍의를 입은 곽재우의 모습은 일본군에게 공포의 대상이 됐음을 알 수 있다. 곽재우는 정암진전투 등에서 왜적의 진군을 차단하면서 조선군이 초반 열세를 극복하고 전세를 승리로 이끄는 데 크게 기여했다.

그러나 정작 1604년에 이루어진 공신 책봉에서 그 공을 인정받지 못했다. 당시의 왕 선조는 자신을 수행해 피난하는 데 공을 세운 인물에 대해서는 호성공신扈聖功臣이라 하여 86명이나 책봉했지만, 직접 전쟁에서 싸운 데 공을 세운 선무공신宣武功臣은 16명밖에 책봉하지 않았다. 그나마 곽재우는 추천을 받기는 했지만, 생존했다는 이유로 공신에 오르지 못했다.

임진왜란이 끝난 후 의병장들의 최후는 비참했다. 호남 의병장 김덕령은 역모 사건에 연루돼 체포된 후 심한 고문 끝에 죽었다. 곽재우는 자신에 대한 조정의 감시가 심해지자 산으로 들어가 벽곡辟穀을 해 솔잎만 먹으면서 세상을 피했다. 김덕령이 뛰어난 용맹과 힘을 지니고도 모함에 빠져서 비명에 죽은 것도 곽재우의 은둔 생활에 영향을 주었다. 곽재우나 김덕령 같은 의병장들의 쓸쓸한 말로는 일제 강점 시기 치열하게 항전했던 독립운동가와 그 후손

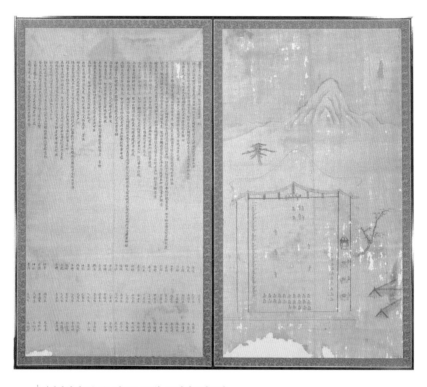

| 〈태평회맹도(보물 제668-3호)〉, 국립진주박물관

〈태평회맹도〉에는 임진왜란에서 공을 세운 호성공신과 선무공신들이 새겨져 있다. 백
사 이항복은 호성공신 1등에 봉해졌지만 "장수들 공로에 비하면 부끄러운 심정"이라며
자신을 명단에서 빼 달라고 간청했다.

들이 제대로 대우를 받지 못했던 현대사의 한 단면과 겹쳐지는 부분이 많다. 역사의 잘못된 상황을 반면교사로 삼아, 우리 시대에는 국가에 헌신한 인물에 대한 제대로 된 평가와 보상 작업이 철저히 이루어져야 할 것이다.

2017.05.31

남명 조식의 유적을 찾아서

2017년 3월 말 매학기 추진하는 역사문화 현장답사를 다녀왔다. 장소는 함양, 산청, 진주, 통영, 거제 등 경상남도 일대. 고운 자태를 서서히 드리우는 벚꽃과 개나리는 남녘에 봄이 왔음을 알리고 있었다. 답사 지역 중 가장 인상이 깊었던 곳은 지리산에 자리를 잡은 남명 조식의 유적지인 산천재와 덕천서원, 세심정이었다.

16세기를 대표하는 선비 조식(1501~1572)은 1555년 단성현감을 제수 받은 후에 올린 사직 상소문에서 당시의 위기 상황을 날선 문장으로 지적하였다. 특히 실질적인 권력자 문정왕후를 과부로, 명종을 고사孤嗣로 표현한 부분은 문정왕후의 수렴청정과 이에 파생되는 외척정치의 문제점을 직선적으로 비판한 것이었다. 말 한마디로 목숨을 날릴 수 있는 절대군주 앞에서도 조식은 당당하게 자신의 입장을 피력했다.

남명 조식의 학덕을 추모하며 문인들이 건립한 산청 덕천서원(시도유형문화재 제89호)

조식의 상소문으로 조정은 발칵 뒤집혔다. '군주에게 불경을 범했다'는 이유로 남명을 처벌하자는 주장도 제기되었지만, 상당수의 대신이나 사관들은 '조식이 초야에 묻힌 선비여서 표현이 적절하지 못한 것이지 그 우국충정은 높이 살만 하다'거나, '조식에게 죄를 주면 언로가 막힌다'는 논리로 남명을 적극 변호함으로써 파문은 가라앉을 수 있었다. 정치의 문제점을 날카롭게 지적한 재야 선비의 발언을 존중한 것은 오늘날에도 주목할 만하다.

조식은 학문에 있어서 무엇보다 수양과 실천을 강조하였다. 경敬과 의義는 사상의 핵심이었다. 조식은 '경'을 통한 수양을 바탕으로, 외부의 모순에 대해 과감하게 실천하는 개념인 '의'를 신념화하였다. 경의 상징으로는 성성자惺惺子(항상 깨어있음)라는 방울을, 의의 상징으로는, '내명자경 외단자의內明者敬 外斷者義(안으로 자신을 밝히는 것은 경이요 밖으로 과감히 결단하는 것은 의이다)'를 새긴 경의검을 찼다. 방울과 칼을 찬 학자. 유학자로는 언뜻 떠올리기 힘든 캐릭터이지만, 조식은 이러한 모습을 실천해나갔다.

조식은 조정에 문제가 있다고 생각할 때마다 과감한 상소문을 올렸고, 왜구의 침략에 대비하여 후학들에게는 강경한 대왜관對倭觀을 심어 주었다. 1592년의 임진왜란 때 정인홍, 곽재우, 김면, 조종도 등 그의 문하에서 최대의 의병장이 배출된 것은 스승의 가르침이 결코 헛되지 않았음을 보여준다.

지리산 천왕봉 아래에 자리 잡은 현재의 산청군 덕산에는 조식의 기개와 정신이 서린 역사의 현장들을 만날 수 있다. 산천재는 조식이 후학들을 양성하고 지리산의 웅혼한 기상을 닮고자 했던 곳이다. 조식은 생전에 10여 차례 이상 지리산을 유람했고, "청컨대 무거운 종을 보게, 크게 두드리지 않으면 소리가 없다네. 지리산과 꼭 닮아서, 하늘이 울어도 울리지 않는다네"라는 시와, 1558년의 지리산 기행문인《유두류록遊頭流錄》에는 지리산을 경외한 그의 삶이 잘 표현되어 있다.

산천재에서 눈길을 끄는 것은 툇마루 윗벽에 그려진 벽화이다. 농부가 소를 모는 그림인데,《장자》의 소요유편에 나오는 은자隱者

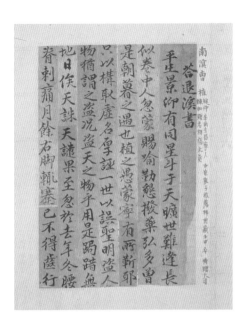

소부와 허유의 일화를 묘사한 것이다. 소부와 허유는 요 임금이 천
하를 맡기고자 했지만 모두 사양하고 받지 않았다. 허유는 자신이
잘못 들었다며 귀를 씻었고, 허유가 영천에서 귀를 씻고 있는 것을
본 소부는 소에게도 그 물을 마시게 할 수 없다며 돌아갔다고 한
다. 처사의 삶을 지향한 조식의 모습과도 매우 닮아 있다. 조식은
묘소도 지리산 천왕봉이 보이는 산천재 맞은편에 잡아두었다. 높
지는 않지만 이곳에 오면 천왕봉이 바라보이고, 덕천강과 덕산 마
을이 모두 눈에 들어온다. 현재 남아 있는 조식의 묘비 군데군데에
는 한국전쟁 때 입은 총상의 흔적들이 선명하여, 쓸쓸함을 자아내

기도 한다.

덕천강 변에 자리를 잡은 세심정은 조식이 후진을 교육하는 틈틈이 휴식을 취하던 곳이다. 세심정 옆에는 조식이 남긴 시 중에 〈욕천浴川〉이라는 시가 새겨져 있다. "온 몸에 찌든 사십년의 찌꺼기를, 천 섬의 맑은 물로 다 씻어 없애리라. 그래도 흙먼지가 오장에 남았거든, 곧바로 배를 갈라 흐르는 물에 부치리라"라는 이 시에는 시대의 모순에 맞서 날선 비판을 서슴지 않았던 선비 조식의 칼 찬 모습이 고스란히 반영되어 있다. 덕천서원은 스승이 사망한 후 5년이 지난 1576년(선조 9)에 후학들이 스승의 학문과 정신을 기리기 위해 세운 것이다. 기축옥사로 희생을 당한 조식의 애제자 최영경도 스승과 함께 배향되었다.

남북 간의 긴장 관계가 계속되어서인지 조식과 같이 문무를 겸비한 학자가 더욱 그리워지는 시점이다. 산천재와 세심정, 덕천서원 등 조식의 유적지들을 찾아보면서, 선비의 기상과 선비정신을 음미했으면 한다.

2016.12.07

유득공과 '이십일도 회고시'

최근에는 방송에서도 주요 지역을 찾아 유적지를 살펴보고 그곳에 얽힌 역사와 인물, 주변 맛집까지 찾아 인문학의 즐거움과 의미를 강조하는 프로그램이 다양하게 방영되고 있다.

이러한 답사 여행의 선구쯤 되는 인물로 조선후기 실학자 유득공柳得恭(1749~1807)을 꼽을 수 있다. 유득공은 풍부한 독서력과 역사에 대한 식견을 바탕으로 발해를 우리 역사에 처음 편입시킨《발해고》를 저술하고, 19세기 한양의 풍속을 정리한《경도잡지》를 펴낸 학자이다.

그는 정조 시대에 박제가, 이덕무와 함께 규장각 검서관으로 활약하면서 정조 시대 각종 서적의 출판 사업에 큰 공을 세웠다. 그의 자질을 알아본 정조는 그에게 많은 책을 하사했고, 유득공은 정조의 후원을 기억하기 위해 왕이 하사한 책을 보관한 서재인 '사서

김홍도, 〈규장각도〉, 1776년, 143.2×115.5㎝, 종이에 채색, 국립중앙박물관

1777년 정조는 서얼들이 관직에 오를 수 있는 길을 넣은 '정유절목'을 발표하고 규장각에 검서관(檢書官) 제도를 두어 이덕무, 유득공, 박제가 등 학식 있는 서얼들을 임명했다.

96

루賜書樓'를 마련하기도 했다.

유득공의 저술 중 또 하나 주목되는 것은 역사 유적지를 답사하고 이에 대한 감상을 담은 《이십일도 회고시二十一都懷古詩》다. 이 작품은 1773년에 박지원, 이덕무와 함께 역사 속 옛 도읍지인 성과 평양을 유람하고 이어 공주 등지를 다녀오면서 쓴 기록이다. 칠언절구로 된 43수의 시로 구성됐는데, 단군의 왕검성에서 시작해 고려의 송도까지, 우리 역사 속 21개 도읍지의 역사와 함께 자신의 생각을 담았다. 1792년에 쓴 저자의 서문을 보면, "회상해 보니, 무술년(1778년) 무렵 종현(지금의 명동성당 부근) 부근 산턱에 우거하고 있었다. 낡은 집 세 칸에 붓과 벼루, 칼과 자가 뒤섞여 있었는데, 이런 것이 싫증나서 자그만 채마 밭에 자주 앉아 있게 되었다. …때때로 우리나라의 지리지를 열람하면서 한 수의 시를 얻으면 여러 날을 고심하며 읊조리게 되니, 어린 아들과 계집아이 종이 모두 이를 듣고 외울 정도였다"고 기록해 당시 유득공의 작품이 널리 퍼졌음을 알 수가 있다.

저술이 완성된 직후인 1778년 3월에는 박제가와 이덕무가 연경에 가서 반정균, 완원과 같은 청나라의 학자들에게 이 책을 소개해 청나라에까지 그의 명성이 알려졌다. 이 시는 우리 역사의 시작인 단군조선의 왕검성 1수, 기자조선의 평양 2수, 위만조선의 평양 2수, 한韓의 금마 1수, 예濊의 강릉 1수, 맥貊의 춘천 1수, 고구려의 평양 5수, 보덕報德의 금마저 1수, 비류의 성천成川 1수, 백제의 부여 4

유득공,《이십일도 회고시》, 20세기 초 출간본 추정

수, 미추홀의 인천 1수, 신라의 경주 6수, 명주의 강릉 1수, 금관가
야의 김해 1수, 대가야의 고령 1수, 감문甘文의 개령 1수, 우산의 울
릉도 1수, 탐라의 제주 1수, 후백제의 완산 1수, 태봉의 철원 1수,
고려의 개성 9수 등으로 구성돼 있다.

유적지에 대한 감회를 읊는 가운데 망국에 대한 비평 의식을 나
타내고 역사의 무상감을 표현하는 방식으로 서술했다. 실증을 통
해 우리 민족의 역사와 문화의 원류를 찾으려 한 유득공의 치열한
역사의식이 시로 표현된 저술로, 우리 것에 대한 관심과 애정이 풍
미했던 조선후기 실학의 면모가 잘 나타나 있다.

이제 바람도 선선해 독서와 여행이 딱 어울리는 좋은 계절이다.

선인들의 책을 잡고, 역사와 문화를 찾는 답사 여행에 나서 보는
것은 어떨까?

2017.09.07

청백리의 모범, 오리 이원익

지금의 국무총리에 해당하는 조선시대의 직책은 영의정이었다. 조선시대에도 영의정은 왕이 임명하는 최고의 직책이었고 그만큼 지명에 심혈을 기울였다. 그런데 한 번 하기도 힘들다는 영의정을 여섯 번이나 역임한 인물이 있었다. 바로 오리梧里 대감으로 알려진 이원익李元翼(1547~1634)이다.

이원익은 선조, 광해군, 인조 시대 3대에 걸쳐 여섯 번이나 영의정을 역임한 진기록을 세웠다. 그것도 한 정권마다 두 번씩. 이원익이 영의정을 여러 차례 지낼 수 있었던 비결은 무엇일까?

이원익이 활동한 시대는 당쟁이 본격적으로 시작되던 시대였다. 이원익은 남인이긴 했지만 당파적인 색깔이 강하지 않았으며, 중도적 노선을 견지하였다. 이원익이 처음 영의정이 된 때는 선조대이다. 임진왜란의 참전 경험과 중국어에 능통한 외교적 능력으로 당시의 외교적 현안을 해결하고 1599년 1월 귀국하자 선조는 좌의정 이원익을 영의정으로 승진시켰다. 1599년 5월 북인 이이첨 등과의 대립으로 이원익은 영의정에서 물러나 동호東湖에 일시 거주했으나, 선조는 9월에 다시 영의정으로 삼았다.

이무렵 이원익은 사당화私黨化하여 공公을 저버리는 집권당 북인을 비판하였다. 이원익은 '천하의 일이나 국가의 일은 다만 공公이냐 사私냐 하는 두 글자에 달려 있을 뿐이라면서 사당私黨이 되면 나라 일은 끝장이다'고 하면서 무엇보다 공公을 우선할 것을 강조하였다. 1608년 광해군의 즉위와 더불어 북인정권 시대가 열렸지만, 이원익은 다시 영의정에 올랐다. 내외의 신망이 두텁고 관료로서의 능력이 탁월했기 때문이었다.

광해군 초반의 정국에서 이원익이 가장 크게 비중을 둔 것은 세제 개혁이었다. 왜란이 끝난 지 얼마 지나지 않은 시기라 백성들은 각종 세금을 내는 것에 큰 부담을 많이 느꼈다. 그 중에서도 공납貢納의 부담이 가장 컸다. 이원익은 공납의 부담을 약화시키는 방안으로 지주의 부담을 증가시키는 대동법大同法을 적극 주장했고, 경기도 일대에 대동법을 실시하는 성과를 얻었다. 그러나 광해군 대에 임해군의 처형과 영창대군 살해에 이어 인목대비의 유폐가 이어지면서 이원익은 북인정권과 선을 그으면서 정치의 중심에서 밀려났다.

이원익은 여러 차례 병을 칭탁하고 영의정에서 물러날 것을 청했으나, 광해군은 사직을 허락하지 않았다. 1609년 8월에는 무려 23차례의 사직서를 올린 끝에 영의정직에서 물러날 수 있었으나, 1611년 9월 광해군은 이원익을 다시 영의정으로 불렀다. 그의 국정 경험이 필요했기 때문이었다.

광해군 말년 이원익은 폐모론을 반대하다가 유배의 길에 올랐다. 유배에서 풀려난 후에는 경기도 여강驪江의 앙덕리에 거처하였다. 초가 두어 칸에 비바람도 가리지 못하고 처자들은 하루걸러 끼니를 먹을 정도로 빈한했다고 한다. 지금의 국회 청문회에 늘상 되풀이되는 공직자의 재산 축재에 경종을 울리는 장면이다.

1623년 광해군과 북인정권을 타도하는 인조반정이 일어났고 서인정권이 수립되었다. 인조 역시 이원익을 영의정에 지명했다. 다섯 번째의 영의정이었다. 급작스런 정권 교체에 대해 불안해하던 신료들이나 백성들에게 이원익 카드는 안정감 있게 자리를 잡았다. 반정을 주도한 서인들은 남인의 원로 이원익을 영의정에 추대하여 반정의 명분도 강화하고 향후 정국의 원활한 운영도 꾀하였다. 이원익은 인조 대에도 한 차례 사직을 한 끝에 1625년(인조 3) 79세의 나이에 마지막으로 영의정 자리에 올랐다.

영의정에서 물러난 후에도 이원익은 국가의 부름에 응했다. 1627년 1월 정묘호란이 일어나자 인조는 강화도로 피난을 가면서 이원익을 도체찰사로 삼았다. 이원익이 노쇠함을 이유로 사양했으나, 인조는 '누워서 장수들을 통솔해도 될 것'이라며 그의 능력을

〈이원익 초상〉, 1604년, 그림 198.5×91.5㎝, 종이에 채색, 국립중앙박물관

임진왜란 선조를 호종한 공적으로 이원익이 58세 때이던 1604년 하사받은 초상화.

깊이 신뢰하였다. 국방 강화와 민생 안정을 위한 활동은 그의 삶이 끝나는 순간까지 계속된 것이다. 선조에서 광해군, 인조까지 3대에 걸쳐 국가의 요직을 맡으면서 정치·경제·사회·국방의 다양한 현안들을 합리적으로 해결하고 수습하는 역할을 한 이원익. 당쟁의 시대에 당파에 기울지 않고 국가의 현안 해결을 최우선으로 한 합리적인 처신은 3대에 걸쳐 여섯 번이나 영의정을 맡는 '진기록'을 세우게 했다.

평생을 국가와 백성을 위해 살아갔지만 정작 자신은 초라한 초가에서 살았던 그의 삶은 실록의 졸기卒記(압축적인 전기)에 표현돼 있다.

"원익은 강명하고 정직한 위인이고 몸가짐이 깨끗했다. 여러 고을의 수령을 역임했는데 치적이 제일 훌륭하다고 일컬어졌다. … 상上, 인조를 지칭이 반정하고 나서 맨 먼저 그를 천거해 재상으로 삼고 매우 신임했다. 연로했으므로 궤장几杖을 하사해 편안하게 했고, 또 흰 요와 흰 옷을 하사해 그의 검소한 것을 표창했다. …이원익은 늙어서 직무를 맡을 수 없게 되자 바로 치사致仕하고 금천矜川, 현재의 광명에 돌아가 비바람도 가리지 못하는 몇 칸의 초가집에 살면서 떨어진 갓에 베옷을 입고 쓸쓸히 혼자 지냈으므로 보는 이들이 그가 재상인 줄 알지 못했다. 이때에 죽으니, 나이 87세였다."

- 《인조실록》, 인조 12년(1634년) 1월 29일

국부國富와 민생, 복지가 시대의 화두로 떠오른 지금, '영원한 영의정' 이원익이 그리워진다.

2017.07.19

춘향전 속 암행어사 이야기

고전의 대명사처럼 되어 우리에게 너무나 친숙한 소설 《춘향전》. 신분을 초월한 이몽룡과 춘향의 사랑이야기와 부패한 사또 변학도에 대한 통쾌한 응징 등 시대를 뛰어넘어 공감되는 요소들이 다양하게 구성되어 오늘날까지 깊은 공감을 준다. 《춘향전》이 한국 영화사에서도 가장 많이 제작된 고전인 것도 바로 이러한 이유 때문일 것이다. 《춘향전》의 명성은 현대에도 이어져 전라도의 소도시 남원은 《춘향전》의 무대로 각인되어 있고, 광한루와 오작교 등 관련 유적지가 각광을 받고 있다.

그런데 《춘향전》의 소설 내용에 빠져서 이것이 역사적 실제인 것처럼 오해하는 경우도 적지 않다. 그러나 《춘향전》은 기본적으로 허구적 상황을 바탕으로 한 소설이라는 점을 염두해야 한다. 이 도령과 암행어사에 관한 이야기도 잘 살펴보면 허구적인 요소들이 곳곳에 숨어 있다.

《춘향전》의 전반부가 이몽룡과 춘향간의 신분 장벽을 극복한 사랑이야기라면 후반부는 암행어사 이몽룡의 이야기다. 그런데 장원급제 후 이몽룡이 바로 암행어사로 나가는 것은 대단히 예외적이다. 대개 과거에 급제하면 종 9품이라는 최하위직에서 출발한다. 장원급제인 경우에 한해서만 종 6품직에 임명되기도 했다. 이긍익이 쓴 《연려실기술》에 "어사는 당하시종신堂下侍從臣으로서 특별히 파견되며 암행어사라고 부른다"라고 한 것으로 보아 당하관으로 왕의 측근에 있는 시종관이 주로 파견되었음을 알 수 있다. '시종신'이란 왕을 가까이서 모시는 신하들로 즉 승정원·사헌부·사간원·홍문관·예문관에 소속된 관리들을 지칭했다. 암행어사로 파견될 수 있는 최소한의 직급 또한 종 6품이었다. 장원급제한 이몽룡의 경우 가능하기는 하지만, 과거에 급제한 신참에게 왕의 밀명을 받아 암행 업무를 수행하는 암행어사로 파견한 사례는 거의 없었다.

이몽룡이 남원에 파견된 사례에서는 소설적 허구의 극치를 이룬다. 조선시대에는 상피제相避制를 엄격히 적용하여 출신지나 연고지에 암행어사를 파견하지 않았다. 연고 지역에 파견을 나가 안면이 있는 벼슬아치들의 청탁을 받는다면 암행의 업무를 수행할 수 없었기 때문이다. 또한 암행어사의 파견지를 결정할 때는 추생抽栍이란 엄격한 추첨 제도를 적용했다.

'추抽'는 뽑는다는 뜻이며, '생栍'은 나무의 껍질로 만든 '제빗대'

란 뜻으로 직접 제비를 뽑아 왕명을 받아 감찰할 지역을 정했다. 요즘도 흔히 사용하는 용어인 '제비뽑기'란 '잡다'의 명사형인 '잽이'에서 유래했다는 설이 있는데 한자로 표현하면 요즘도 흔히 쓰는 추첨抽籤이라는 말이 된다.《춘향전》의 배경이 되는 조선후기 전국의 군현은 대략 400여 개에 달했다. 물론 상피제의 적용으로 이몽룡은 남원으로 파견될 수 없었겠지만 추첨에 의한다 할지라도 남원에 갈 수 있는 확률은 1/400에 불과했다. 그러나《춘향전》은 소설이니까 작자는 춘향이가 고통받는 남원으로 암행어사 이몽룡을 파견할 수밖에 없었던 것이다.

추첨으로 부임지를 뽑으면 봉서封書(암행어사가 수행할 임무를 적은 명령서)에 파견될 지역명을 써 주었다. 봉서는 현장에서 바로 개봉하지 않고 동대문이나 남대문 밖을 벗어나면 열어볼 수 있게 하여 보안 유지를 철저히 했다. 암행의 임무를 맡은 어사는 봉서와 함께 왕이 친히 하사한 마패馬牌, 그리고 유척鍮尺을 소지하고 암행길에 나서게 된다. 마패는 역마驛馬가 그려진 숫자대로 공식적으로 말을 사용할 수 있는 증명서의 기능과 함께, 출도出道 때 암행어사의 신분증명서의 기능을 하였다.

현재 전해지는 마패는 대부분 2마리 말이 그려진 2마패의 형태였다. 유척은 지방의 관리가 형구刑具를 함부로 사용하는가와 도량형의 통일 여부를 파악하여 세금을 제대로 징수하는가의 여부를 조사하기 위해 사용하는 자尺였다. 변사또와 같이 임의로 법 의

〈박문수 초상(보물 제1189-1호)〉, 조선시대, 165.3×100㎝, 천안박물관

박문수는 암행어사의 대명사 격으로 알려져 있지만 실제로 암행어사를
수행했던 적은 없다고 한다.

남원 광한루원 춘향사당

춘향의 일편단심을 기리는 곳으로 어진화사 김은호가 그린 춘향 영정이 있다.

암행어사들이 들고 다녔던 마패, 국립중앙박물관

행을 하는 수령들에 대해 증거를 확보하는 도구로 사용된 것이다. 《춘향전》을 읽으면서 역사적 사실과 허구의 차이점을 하나씩 찾아 간다면 소설을 읽는 즐거움이 커지지 않을까?

2015.01

3

현재를
되새기게 하는
사건과 현장

1453년 계유정난의 빛과 그늘

1453년 음력 10월 10일 '계유정난癸酉靖難'이 일어났다. 계유정난은 그 극적인 상황 때문에 많은 관심을 끄는 사건이다. 특히 최근 계유정난을 소재로 한 영화 〈관상觀相〉과 드라마 〈대군〉의 방송으로 1453년의 '그 날'에 대한 관심이 더욱 커지고 있다. 계유정난은 1453년이 계유년이고, 정난靖難은 '어려운 상황을 잘 다스렸다'는 뜻으로 승리자의 관점에서 기록된 용어다.

1450년 세종의 사망 후 왕위는 장남인 문종에게 계승되었다. 8세에 세자에 책봉된 후 29년간 세자의 자리를 지켰던 문종. 그러나 왕으로 재임한 기간은 너무 짧았다. 불과 2년 3개월 만에 승하하고 왕위는 12세의 세자 단종에게 계승되었다. 20세 이전에 왕이 즉위하면 대비가 수렴청정을 하면서 후견인 역할을 하는 것이 원칙이었지만 단종에겐 어머니가 없었다. 문종은 김종서, 황보인 등 고명

김은호·장운봉, 〈세조 어진 초본〉, 1935년, 186.5×131.8cm, 종이에 먹, 국립고궁박물관

마지막 어진화가 김은호가 일제강점기 시절 모사했던 세조 어진 초본. 현재 국립고궁박물관에서 소장 중이다. 어좌의 오른쪽 다리 부분의 문양이 그려져 있지 않는 등 미완성 작품이란 주장이 제기되고 있다.

대신諸命大臣(왕의 유지를 받드는 대신)들에게 세자의 보필을 부탁했고, 단종 즉위 후 대신들의 권력이 크게 강화되었다. 대표적으로 대신들이 관리를 추천할 때 미리 노란색 점을 찍어 두는 황표정사黃標政事를 행사하여 왕의 위상은 추락하였다.

왕권이 약화되는 상황에 가장 분노한 인물은 세종의 둘째 아들 수양대군이었다. 수양은 특히 김종서 등이 권력 기반을 강화하기 위해 동생인 안평대군과 손을 맞잡는 것을 경계하였다.

한명회, 권람, 신숙주 등의 책사들과, 양정, 홍달손, 유수 등 무사들을 심복으로 끌어들인 수양대군은 거사 1년 전인 1452년 9월 단종의 즉위를 인정하는 명나라 황제의 사은사를 자청하였다. 단종에게 충성을 다한다는 입장을 보이면서 김종서 등 라이벌들의 견제를 풀게 한 것이다. 귀국 후 수양대군은 한명회를 활용하여 김종서와 황보인의 집에 염탐꾼을 들여 미리 정보를 입수하는 등 체계적으로 거사를 준비해나갔다.

1453년 10월 10일 수양은 안평대군이 김종서와 손을 잡고 불궤不軌한 짓을 저지른다는 것을 명분으로 거사에 직접 나섰다. 책사한명회가 사전에 포섭한 무인들은 거사의 든든한 후원군이었다. 제거 대상 1호는 신권의 대표주자인 김종서였다. 거사 직전 수양대군은 심복들에게 "지금 간신 김종서 등이 권세를 희롱하고 정사를 오로지하여 군사와 백성을 돌보지 않아서 원망이 하늘에 닿았으며, 비밀히 이용李瑢(안평대군)에게 붙어서 장차 불궤한 짓을 도모

작자미상, 〈신숙주 초상(보물 제613호)〉, 1455년 추정, 비단에 채색, 167×109.5cm, 고려신씨문중

신숙주는 왕을 6명이나 섬기며 영의정을 두 차례나 역임했고 글에도 능해 훈민정음 창제에도 참여했지만, 계유정난에 참여하여 단종에 대한 의리를 저버렸다는 평도 듣게 되었다.

하려 한다. …내가 이것들을 베어 없애서 종사를 편안히 하고자 한다"고 말할 정도로 김종서에 대한 적개심은 컸다.

10월 10일 수양대군이 김종서의 집을 방문하였다. 자신의 심복 군사 일부만을 대동하였기 때문에 김종서는 크게 경계하지 않았다. 수양은 김종서에게 청을 드릴 것이 있다며 편지를 건넸고, 김종서가 편지를 보려고 고개를 숙이는 순간 임어을운이 재빨리 철퇴를 휘둘렀다. 기습 공격을 받은 김종서가 쓰러지자 아들 승규가 아버지의 몸을 덮쳤다. 그러나 다시 날아온 수양의 심복 양정의 칼을 맞고 두 사람은 쓰러졌다. 이때 겨우 목숨을 건진 김종서는 상처를 입은 후 여복女服을 입고 아들 승벽의 처가에 피신했지만 결국은 처형되었다.

수양은 단종을 압박한 후 왕명으로 황보인을 비롯한 조정의 대신들을 불러들이게 했다. 그리고 이미 한명회 등에 의해 작성되어 있는 살생부殺生符에 따라 반대 세력 제거에 나섰다. 황보인, 조극관, 이양 등 살부殺簿에 포함된 인사들은 대부분 처형되었고, 재산은 모두 몰수되었다. 그 가족들 중 일부는 계유정난의 성공으로 공신이 된 집안의 노비가 되는 치욕을 당했다. 대군 중 수양의 가장 큰 경쟁자 안평대군은 강화로 유배된 후에 사약을 받고 죽었다.

계유정난이 있던 날 단종은 수양에게 모든 군국軍國의 일을 맡겼다. 수양은 영의정과 이조, 병조의 책임을 모두 맡아 정권과 병권을 완전히 장악하였다. 43명의 정난공신靖難功臣은 단종이 책봉하는 형식을 취했지만 모든 것이 수양의 뜻대로 이루어졌다. 수양은 자신을 포함하여 거사에 가담한 정인지, 한명회, 권람 등 12명을 일등공신에 포함한 것을 비롯하여 43명을 정난공신에 책봉했다. 공신에는 무인들이 19명, 환관 2명, 천민도 1명 포함되었다. 신분이 낮은 세력들까지 조직적으로 동원되었던 것이다.

이제 단종은 허울뿐인 왕으로 전락했고, 1455년 윤 6월 수양은 조카 단종을 압박하여 상왕으로 밀어내고 왕위에 오른다. 세조는 왕위에 오른 후에 집권의 명분과 도덕성의 취약점을 극복하기 위하여 민본정치, 부국강병책, 왕권의 재확립과《경국대전》이나《국조보감》,《동국통감》과 같은 학술, 문화정비 사업에 진력을 하였다. 세조 대에 확립된 이러한 기반은 조선전기 정치, 문화를 완성할 수 있는 원동력이 되었다. 집권 이후 왕으로서 보여준 세조의 능력은 성공한 쿠데타의 모델을 보여주었지만 쿠데타로 집권한 왕이라는 그림자는 세조에게 늘 따라 붙고 있다. 계유정난의 역사에서 '권력은 짧고 역사적 평가는 길다'는 말을 떠올려 본다.

2013.11.15

태종과 신덕왕후 강씨
그 악연의 현장, 청계천 광통교

2005년 복원 공사가 완료되어 우리 국민의 품으로 돌아온 청계천. 청계천은 이제 도시민들에게 휴식과 안정을 주는 대표적인 공간이 되었다. 청계천의 연원은 한양의 도시 정비 과정에서 새롭게 준설한 인공하천에서 출발한다. 한양이라는 도시는 전통시대부터 홍수에 취약한 구조를 지니고 있었다. 북악산이나 인왕산, 남산 등지에서 내려와 청계천에 모인 물들이 남산에 막혀 바로 한강으로 빠져나가지 못했기 때문에 비가 많이 오면 서울 도심은 홍수 피해로 몸살을 앓는 경우가 많았다.

1405년 한양으로 재천도한 태종은 한양이 지닌 이러한 문제점을 극복하기 위하여 1406년 1월 처음 청계천 공사를 실시하여, 1412년 공사의 완성을 보았다. 그런데 우리가 흔히 사용하고 있는 '청계천'이라는 용어 대신에 조선시대에는 청계천을 '개천開川'이라

〈준천계첩〉 부분, 서울역사박물관

한양은 전통적으로 홍수에 취약한 구조였다. 영조는 1759년 준천사업을 실시했다. 조선후기 상업 발달로 한양으로 몰려든 백성들로 인한 오물과 하수, 홍수 문제를 해결하고, 도시로 유입된 사람들에게 일자리를 만들어 주려는 목적이었다. 동원된 인원만 약 21만 명에 달한다. 사진은 당시 준천사업에 대한 기록인 《준천계첩》에 실린 그림.

고 불렀다. 태종 대 '천거川渠를 수리하여 열었다'는 뜻에서 '개천'이라 불렸고, 이후 개천이라는 말은 하천과 통용되는 보통명사가 되었다.

《조선왕조실록》을 비롯하여 《동국여지승람》이나 《준천사실》, 《한경지략》, 《동국여지비고》와 같은 책에는 모두 개천開天으로 표기되어 있다. 청계천이라는 이름의 유래는 영조 때 본격적인 준천사업이 이루어져 '개천을 끼끗이 치웠다'는 뜻의 '청개천清開川'이 되었고, 일제 강점기에 하천 명칭을 정할 때 청계천清溪川으로 하였다고 보는 것이 일반적이다.

1394년 10월 한양이 조선의 도읍으로 결정된 데는 무엇보다 이점이 많았기 때문이었다. 한반도의 중심에 위치하여 지역을 통합하기에 좋다는 점, 도성의 동서남북 외곽에 낙산, 인왕산, 목멱산(남산), 북악산 네 개 산이 둘러싸고 있어서 이들 산을 연결하면 도성의 방어에 매우 유리하다는 점, 한양은 북한강과 남한강으로 이어지는 내륙의 수운과 서해를 통해 한강이 연결되는 해상 교통의 요지라는 점이 수도로 선정될 수 있었던 주요 이유였다.

그러나 이러한 이점에도 불구하고, 네 곳 산에서 흘러내린 물이 집중적으로 도심으로 흐르는 바람에 홍수 때는 도성 안 전체가 잠기는 문제점을 지니고 있었다. 즉 북악산이나 인왕산, 남산 등지에서 내려와 청계천에 모인 물들이 남산에 막혀 바로 한강으로 빠져나가지 못하고, 서쪽에서 동쪽으로 흘러 중랑천을 통해 한강으로 나가기 때문에 비가 많이 오면 청계천이 넘치는 경우가 많아 홍수로 몸살을 앓는 경우가 많았다. 이런 문제점을 극복하기 위하여 1406년(태종 6) 태종은 도성을 관통하는 개천의 조성 작업에 착수하였고, 1412년 마침내 청계천 공사를 완료하였던 것이다.

태종은 1412년 청계천 공사를 완료하면서 기존에 있던 흙다리와 나무다리 대신에 돌다리를 만들었다. 그런데 이 돌다리 중에서 광통교廣通橋에는 태종 이방원과 신덕왕후 강씨(태조의 계비)의 악연을 보여주는 유적이 남아 있다.

이방원은 태조의 다섯 번 째 아들이었지만 태조가 후계자로 배다른 동생 방석을 책봉하는 것을 결코 좌시하지 않았다. 1398년 1차 왕자의 난을 일으켜 방석을 제거하고, 1400년 2차 왕자의 난 이후 스스로 태종이 되었다. 그러나 왕이 된 후에도 방석의 생모이자 계모인 신덕왕후 강씨에 대한 분노는 사라지지 않았다. 태조를 조종하고 정도전 등의 힘을 빌어 방석을 세자에 앉힌 강씨에 대한 방원의 분노는 생전에는 물론이고 그녀가 죽은 후에도 계속되었다.

1396년 태조는 어린 계비 강씨가 죽자 그녀에게 신덕왕후라는 존호를 내리고, 왕릉도 경복궁에서 잘 보이는 곳에 만들고 정릉貞陵이라 하였다. 태조는 궁궐에서 정릉의 아침 재齋 올리는 종소리를 듣고서야 수라를 들 정도로 계비에 대한 사랑이 깊었다고 전해진다. 그러나 왕위에 오른 방원은 태조가 죽자 눈엣가시처럼 여겼던 정릉 파괴와 이전을 지시했다. 1409년 마침내 정릉은 도성 밖 양주 지방, 현재의 정릉(서울 성북동) 자리로 옮겨졌다.

태종은 원래 정릉의 정자각을 헐고 봉분을 완전히 깎아 무덤의 흔적을 남기지 말도록 명했다. 그리고 1410년 8월 청계천 광통교의 흙으로 만든 다리가 홍수에 무너지자 정릉의 병풍석屛風石과 신장석神將石을 광통교 복구에 사용하게 하여 온 백성이 이것을 밟고

서울 청계천 유적(사적 제461호) 정릉석물, 문화재청

서울 청계천 유적(사적 제461호), 문화재청

지나가도록 했다. 강씨에 대한 태종의 증오가 어느 정도였는지 충분히 짐작할 수 있는 대목이다.

지금도 광통교를 찾아가면 신덕왕후의 정릉에 사용했던 돌을 다리의 석축으로 사용한 흔적을 찾아볼 수 있다. 정릉의 석물을 청계천 다리에 사용하는데 그치지 않고 태종은 정릉의 흔적을 거의 없애 버렸다. 그러나 현종 대에 이르러 송시열 등은 조선의 첫 번째 왕비의 무덤이 잡초에 묻혀 찾을 수도 없는 것은 큰 문제라고 지적하면서 정릉의 복구를 건의하였다. 마침내 정릉이 복구되고 제사를 베풀던 날에 소낙비가 정릉 일대에 쏟아졌는데 백성들은 신덕왕후의 원혼을 씻는 비라고 했다는 기록도 전해진다.

원래 정릉이 있었던 덕수궁 일대는 지금도 정동貞洞으로 불리면서 희미하게나마 신덕왕후의 자취가 남아 있음을 알려주고 있다. 태종과 신덕왕후 강씨의 악연이 남아 있는 역사적 공간인 청계천의 광통교와 정동 일대를 거닐면서, 600년 전 역사 속 인물들을 만나보기를 바란다.

2015.01

태릉과 태릉선수촌의 역사

태릉泰陵은 조선의 11대 왕 중종의 두 번째 계비 문정왕후의 무덤으로, 1565년 문정왕후가 승하한 후에 그 아들인 명종이 조성하였다. 생전에 문정왕후는 남편인 중종의 무덤 곁에 묻히고 싶어 했다. 그런데 1544년 중종이 승하한 후 무덤은 중종의 첫 번째 계비 장경왕후의 무덤인 희릉 옆에 조성되었고, 이름을 정릉靖陵이라 하였다.

그러나 아들인 명종이 왕위에 오른 후 수렴청정을 하면서 정치적 실권을 잡았던 문정왕후는 두 사람을 갈라놓았다. 사후에 자신이 중종 곁에 가려고 했기 때문이다. 중종 정릉의 풍수지리가 좋지 않다는 점과, 선왕인 성종의 선릉宣陵 옆으로 가야 한다는 점을 명분으로 내세워 무덤을 옮겼다. 문정왕후가 심혈을 기울인 사찰 봉은사가 왕릉의 원찰로 기능을 하는 것도 중요한 이유가 되었다. 그러나 명종 대에 새로 옮긴 중종의 정릉은 지대가 낮아 홍수 피해가 자주 일어났고, 홍수 때는 재실齋室까지 물이 차기도 했다.

그러나 결국 문정왕후는 그 자리에 묻히지 못했다. 생전에는 막강한 권력을 휘둘렀지만, 사망 이후 무덤은 그녀가 원하던 곳이 아닌 현재의 태릉 지역에 조성되었다. 1565년 4월 12일 문정왕후의 능 이름은 신정릉新靖陵으로 정해졌다. 중종의 무덤인 정릉을 의식했기 때문이다. 그러다 6월 4일 능호를 태릉으로 다시 정하였다. 생전에 원치 않았던 곳이기는 했지만, 아들 명종이 왕으로 있던 시절에 조성되었기에 태릉은 왕비의 단릉單陵이라 믿기 힘들 만큼 규모가 컸다.

효심이 두터운 아들 명종은 자신이 죽으면 그 무덤을 어머니 곁에 조성할 것을 명했고, 명종 사후 그의 무덤 강릉은 태릉 근처에 조성되었다. 왕의 무덤을 정할 때 아버지가 아닌 어머니 곁에 간 것은 매우 이례적이었다. 이 과정에서 명종의 부친 중종은 왕비 1명도 곁에 두지 못하고 홀로 무덤에 묻힌 주인공이 되었다. 현재 강남 한복판에 위치한 중종의 정릉은 아버지인 성종의 선릉과 합하여 '선정릉'이라 칭하는데, 지하철 역명으로 많이들 알고 있다.

그리고 400년 후 태릉과 강릉으로 조성되어 사후에도 마주보는 위치에 있던 두 모자를 차단하는 시설이 들어섰다. 1966년 두 무덤 사이에 체육 인재의 산실인 태릉선수촌이 조성된 것이다. 사람들이 '태릉'은 잘 모르면서도 '태릉선수촌'으로 이 지역을 기억하는

중종의 무덤인 정릉은 태조 건원릉과 더불어 단릉의 형식을 취하고 있다.

원인이 되었다.

그런데 2017년 8월에 태릉선수촌이 51년의 역사를 마감하고, 충북 진천으로 이전을 하면서 태릉의 역사는 또 한 번 큰 변화를 겪게 되었다. 선수촌의 철거로 문정왕후와 명종은 다시 재회하게 되었지만, 태릉에 위치했던 선수촌의 역사는 또 다른 운명에 놓였다. 한때 올림픽 금메달 116개를 따고, 월드컵 본선 진출의 산실이 되면서 대한민국 국력의 상징으로 기능했던 태릉선수촌의 건물 상당수가 철거 위기에 처한 것이다.

유네스코의 세계유산으로 지정된 왕릉의 원형 복원도 중요하지만, 50년 이상 태릉에 자리를 잡고 많은 국민에게 희망을 심어준 공간인 태릉선수촌의 주요 시설을 잘 보존하는 것도 그에 못지않게 의미가 크다. 태릉과 태릉선수촌의 역사가 함께 공존하여 우리 시대는 물론이고 후손에게까지 널리 기억되는 방안을 모색해나가야 할 것이다.

2017.11.09

1592년 7월, 한산대첩과 이순신

지금부터 약 425년 전인 1592년 7월 이순신이 지휘하는 조선 수군과 와키자카 야스하루가 지휘하는 일본 수군이 한산도 앞바다에서 맞섰다. 1592년 4월 13일 조선을 침공해 불과 두 달 만인 6월에 평양성까지 점령했던 일본군의 침공은 더 이상 이뤄지지 못했다. 서해 바다를 장악해 수군을 통해 병력과 군량을 보급하려고 했던 일본군의 작전이 실패를 거듭했기 때문이다. 조선군 반격의 중심에 있었던 인물이 이순신李舜臣(1545~1598) 장군이었다.

　이순신은 5월 7일 옥포해전의 승전에 이어, 5월 29일부터 6월 10일까지 전개된 사천해전에서 처음으로 거북선을 활용해 대승을 거뒀으며, 당항포 해전에서도 연이어 승전보를 올렸다. 이순신 함대의 출동으로 바닷길을 통한 물자 보급이 어려워지자 도요토미 히데요시는 일본 수군을 더욱 채근했다. 다급해진 왜장 와키자카는

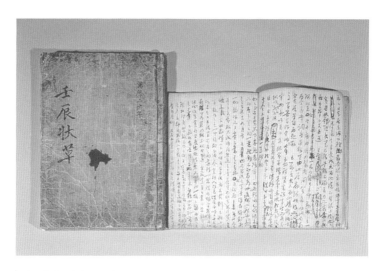

70여 척의 함대를 거느리고 견내량에 도착했다. 이순신은 견내량 바깥 바다에 머무르며 지형을 살폈다. 포구가 좁아 판옥선이 서로 부딪칠 위험이 있고 적이 쉽게 육지로 도망칠 수 있는 곳이었다. 이순신은 한산도 앞바다로 왜선을 유인했고, 이어 7월 8일부터 격전이 벌어졌다. 판옥선 50여 척과 거북선의 총통이 불을 뿜어냈고 '학익진鶴翼陣'이라는 세계해전사에도 돋보이는 전술이 전개됐다.

《선조수정실록》1592년 7월의 기록에는 "이순신이 왜병을 고성 견내량에서 크게 격파했다. 원균이 앞서 승리에 자신해 곧장 대적해 격파하려 하자 순신이 말하기를 '이곳은 항구가 좁고 얕아 작전할 수가 없으니 넓은 바다로 유인해내어 격파해야 한다고 했다. 원

충무공의 거북선을 기념하는 한산도 거북등대

균이 듣지 않자, 순신은 '공이 병법을 이처럼 모른단 말인가' 하고
여러 장수들에게 명령을 내려 거짓 패해 물러나는 척하니, 적이 과
연 기세를 몰아 추격했다. 이에 한산도 앞바다에 이르러 군사를 돌
려 급히 전투를 개시하니 포염이 바다를 뒤덮었고 적선 70여 척을
남김없이 격파하니 피비린내가 바다에 진동했다. 왜진倭陣에서 전
해진 말에 의하면 '조선의 한산도 전투에서 죽은 왜병이 9,000명이
다'고 했다"고 한산대첩의 승전을 기록하고 있다.

유성룡 또한《징비록》에서 "일본은 본시 수륙이 합세해 서쪽으
로 쳐내려오려고 했다. 그러나 이 한 번의 해전에 의해 마침내 그
한 팔이 끊어져 버린 것과 다름이 없이 돼 버렸다. 이로 인해 전라
충청도를 보전했고 나아가 황해도·평안도의 연해지역까지 보전할

이순신이 삼도수군통제사 시절 지휘본부였던 제승당

수 있었으며, 군량을 조달하고 호령을 전달할 수 있었기에 국가의
중흥을 이룰 수 있었다"고 하여 한산대첩의 의미를 기록했다.

현재 한산도에는 이순신 장군을 기억하는 유적이 많이 남아 있
다. 제승당制勝堂은 장군이 삼도수군통제사 시절 운주당運籌堂으로
불렸던 곳으로, 지휘 본부로 활용됐다. 한산정閑山亭은 장군이 활쏘
기를 했던 곳으로 바다를 넘어 표적이 있는 것이 이채롭다. 수루戍
樓는 관측 초소로, 이곳에서 지은 '한산섬 달 밝은 밤에 수루에 홀
로 앉아'로 시작하는 장군의 시조가 맴도는 곳이다.

2017.07.01

정유년과 대한제국

역사 속에서 정유년에는 큰 사건들이 있었다. 그중 가장 대표적인 것이 420년 전에 일어난 정유재란과, 120년 전인 1897년에 단행된 대한제국의 선포를 꼽을 수 있을 것이다.

1592년 일본이 조선을 침공한 임진왜란은 명나라 군대까지 참전하면서 국제전으로 확산됐다. 이후 전쟁은 장기전의 양상을 띠었고, 명나라와 일본이 주도하는 강화회담이 열렸으나 협상이 결렬되자 도요토미 히데요시는 1597년 1월 조선을 다시 침략해왔다. 420년 전에는 새해 벽두부터 전쟁으로 나라가 극히 혼란했던 것이다. 정유재란 때인 1597년 7월 원균이 지휘하는 조선 수군이 칠천량 해전에서 참패를 당했으나, 이순신은 남은 군선들을 수습해 10배가 넘는 일본군을 무찌르는 대승을 거둔다. 이것이 영화로도 잘 알려진 1597년 9월의 '명량대첩'이었다.

1657년의 정유년 또한 효종이 북벌北伐 정책을 추진하면서 온 나라가 전쟁의 긴장감에 휩쓸렸다. 1717년의 숙종 시대를 거쳐, 1777년 정유년은 정조가 즉위한 지 두 번째 되던 해로 정치, 경제, 문화의 개혁정치들이 준비되던 시기였다. 1837년 정유년은 1834년 8세의 나이로 즉위한 헌종이 안동 김씨로 대표되는 세도정치의 압박 속에서 왕권을 제대로 행사하지 못했고 백성의 삶은 불안해졌다.

120년 전 정유년에는 조선의 왕이 황제가 되고 국호가 바뀌는 큰 변화가 있었다. 1896년 2월 러시아 공사관으로 피신한 후 이곳에서 1년여 동안 머물던 고종은 경운궁(덕수궁)으로 거처를 옮겼다. 경운궁으로 돌아온 고종은 '구본신참舊本新參(옛것을 근본으로 새것을 참작함)'에 입각, 근대국가 수립에 필요한 기구를 설치해나갔으며, 연호를 광무光武라 하며 자주국의 면모를 과시해나갔다. 10월 12일에는 문무백관을 거느리고 이미 건설해 놓은 환구단에서 대한제국의 황제 즉위식을 거행했는데, 왕과 황제의 위상에서 차이가 나는 부분은 왕은 홍룡포, 황제는 황룡포를 입고, 왕은 토지와 곡식의 신인 사직단에 제사를 지내지만, 황제는 직접 하늘에 제사를 지낼 수 있다는 점이다.

국호를 '대한제국'으로 한 것은 삼한三韓의 옛 영토와 역사를 계승하는 '큰 한韓'의 의미를 지닌 것이었다. "짐은 생각건대, 단군과 기자 이후로 강토가 분리돼 각각 한 지역을 차지하고 패권을 다투

환구단(사적 제157호), 문화재청

환구단은 하늘에 제사를 드리는 곳으로 고려 성종 이후 설치와 폐지를 반복했다. 고종은 이곳에서 대한제국을 선포했다. 1913년 일제에 의해 헐리고 그 터에는 조선호텔이 들어섰는데 현재 환구단 터에는 황구우와 석고 3개가 남아 있다.

어 오다가 고려 때에 마한, 진한, 변한을 통합했으니, 이것이 '삼한'을 통합한 것이다'라고 한 고종의 발언은 국호를 '대한제국'으로 정한 의미를 잘 보여주고 있다. 이때 정한 '대한'이라는 국호는 공화정 체제로 출범한 '대한민국임시정부'를 거쳐 현재의 '대한민국'으로 이어지고 있다.

1957년의 정유년은 6·25전쟁의 폐허와 상처를 극복하면서 지금의 대한민국을 만들기 위한 노력을 전개했던 시기로, 불과 60년 전이지만 이렇게 어려운 때를 겪었을까 하는 생각이 들 정도로 당시 모습은 먼 과거의 파노라마 영상처럼 우리에게 다가온다. 역사는 현재를 비추는 거울이다. 정유년의 역사들을 되새겨 보면서 현재와 미래를 제대로 설계하는 지혜를 찾아 나가야 할 것이다.

2017.01.04

1593년 한양 수복과 1950년 서울 수복

2016년 9월 28일은 6·25전쟁 시작 3일 만에 서울을 빼앗긴 대한
민국과 유엔의 연합군이 서울을 수복한 지 정확히 66년이 되는 날
이었다. 북한의 기습적인 남침으로 서울이 함락되고, 국군은 남쪽
으로 퇴각을 했다. 낙동강 방어선을 겨우 유지하며 반격의 기회를
노리던 국군에게 미국이 주도한 유엔군의 참전은 큰 힘이 됐다.
그리고 1950년 9월 15일 유엔군 사령관 맥아더가 지휘한 인천상
륙작전의 성공으로, 국군은 전쟁의 상황을 바꾸는 계기를 마련했
고, 마침내 9월 28일 서울을 수복했다. 그리고 그 여세를 몰아 국
군이 38선을 처음 돌파한 10월 1일은 지금도 국군의 날로 기념이
되고 있다.

1592년 임진왜란 때도 유사한 상황이 전개됐다. 4월 13일 일본
군의 기습적인 침략으로 초토화된 조선군은 5월 1일 한양을 빼앗

인천상륙작전을 살펴보는 맥아더 장군(사진 중앙)

인천에 상륙하고 있는 유엔군

기고 6월 11일에는 평양성마저 함락당하는 치욕을 당했다. 평양성을 사이에 두고 조선군과 일본군의 대치 상황은 6개월간 지속됐다. 일본군이 의주로 피란을 간 선조를 더 이상 추격하지 못하고 평양성에서 고립이 된 것은 바다에서 이순신 장군이 거듭 승전을 하면서 일본군의 병력과 군량의 보급을 확실히 차단했기 때문이다. 육지에서 곽재우 등 의병들이 크게 활약한 것도 일본군의 북진에 타격을 가했다.

1592년 12월 조선의 요청에 의해 이여송 제독이 이끄는 명나라 군대 4만여 명이 참전을 했고, 조명연합군은 1593년 1월 평양성 공방전을 대승으로 이끌면서 일본군을 몰아내는 데 성공했다.

평양성 전투의 승리는 전쟁의 상황을 수세에서 공세로 전환시키는 결정적인 전투라는 점에서는 6·25전쟁 시기 인천상륙작전의 성공과 비교되는 부분이 많다. 평양성 전투 이후 일본군을 추격하는 과정에서 벽제관 전투에서 패배를 당하기도 했으나, 1593년 2월 권율이 지휘하는 행주산성 전투의 대승으로 마침내 일본에 빼앗겼던 한양을 1년여 만에 수복 하는 전과를 올리게 된다.

행주산성 전투에는 변이중이 만든 화차와 비격진천뢰, 총통銃筒 등의 화약무기를 동원해 화력으로 일본군을 압도했다. 행주산성 전투에서 전의를 상실한 일본군은 철수를 서둘렀고, 이보다 앞서 이루어진 명과 일본의 1592년 8월 회담과 1593년 3월 용산회담의 결과 왜적은 한양에서 남해안으로 철수했다. 그러나 울산, 순천, 김

작자미상, 〈이여송 초상〉, 19세기, 37×29㎝, 덴리대

행주산성은 흙을 이용한 토축산성으로 성을 쌓은 정확한 연대는 알 수 없으나 삼국시대 때부터 있었던 것으로 보인다. 좌측이 1603년에 세운 대첩비, 우측이 1963년에 세운 대첩비다.

해 등지에 왜성을 쌓고 향후의 전쟁을 준비했다.

유성룡의《징비록》에는 4월 20일 한양이 수복됐다고 기록하면서, "성중의 유민流民들은 백에 한둘도 남아 있지 않았는데, 생존자도 굶주리고 지친 나머지 안색이 귀신과 같았으며, 사람과 말이 즐비하게 죽어 썩는 냄새가 성안에 가득했으므로 사람들이 코를 막고 다녀야 했다. 성 안팎에는 백골이 무더기로 쌓여 있고 공사간의 집들은 하나같이 비어 있었으며 오직 불탄 기왓장들뿐이었다"고 참상을 전하고 있다. 한양 수복 이후 명과 일본의 휴전협상이 3~4

년간 전개되는데 이 또한 6·25전쟁의 휴전회담을 연상시킨다. 이처럼 1593년 4월의 한양 수복과 1950년 9월의 서울 수복에는 서로 연결되는 장면이 많다. '역사는 거울'이라는 점이 더욱 생생히 와닿는 지점이다.

2016.09.28

1653년 8월, 제주도에 표류한 하멜

"밀린 급여 청구자료였던 하멜표류기, 17세기 미지의 나라 조선 세계에 알리다."

360여 년 전인 1653년(효종 4) 8월, 지금처럼 무더웠던 제주와 인연을 맺은 서양인이 있었다.《하멜표류기》의 저자로 알려진 네덜란드인 헨드릭 하멜(1630~1692) 일행이다.

8월 6일 제주목사 이원진은 서양인들의 표착을 알리는 보고서를 올렸다. "배 한 척이 고을 남쪽에서 깨져 해안에 닿았기에 대정현감과 판관을 시켜 군사를 거느리고 가서 보게 하였더니, 어느 나라 사람인지 모르겠으나 배가 바다 가운데서 뒤집혀 살아남은 자는 38인이며 말이 통하지 않고 문자도 다릅니다. …파란 눈에 코가 높고 노란 머리에 수염이 짧았는데, 혹 구레나룻은 깎고 콧수염을 남긴 자도 있었습니다. …일본어를 아는 자를 시켜 묻기를 '너희는

호린험에 세워진 헨드릭 하멜의 동상. ©Wikifrits/Wiki CC-BY-SA

서양의 크리스찬인가' 하니, 다들 맞다 하였고, 우리나라를 가리켜 물으니 고려라 하고, 가려는 곳을 물으니 나가사키라 하였습니다" 라는 보고서를 접한 효종은 이들을 한양으로 올려 보낼 것을 명하였다.

하멜 일행은 1653년 7월 스페르베르호를 타고 대만을 거쳐 일본 나가사키로 가는 항해 도중 태풍을 만나 표류 끝에 제주도에 이르렀다. 하멜 일행은 이원진의 심문을 받았고, 통역은 1627년에 제주도에 표류한 네덜란드인 벨테브레(조선명 박연)가 맡았다.

이듬해 6월 한양으로 압송된 이들은 화포를 잘 다루는 기술이 있다는 이유로 훈련도감에 편입됐다. 이후 하멜 일행은 외국인을 국외로 내보내지 않겠다는 조선의 정치적 입장 때문에 끝까지 억류돼야 할 운명에 처했다. 한양에서 힘든 생활이 지속되자 탈출을 시도했으며, 이에 불안을 느낀 조정에서는 이들을 강진의 전라병영과 여수의 전라좌수영에 분산 배치했다. 여수에서 훈련장에 나가 화살을 줍고, 매일 새끼를 꼬는 힘든 생활이었지만 하멜은 희망을 잃지 않고 동료 선원 7명과 함께 1666년(현종 7) 9월 4일 탈출을 시도했고, 마침내 13년간의 억류 생활을 마감할 수 있었다. 나가사키에 도착한 하멜은 밀린 월급의 상환을 요구했지만, 이것이 수용되지 않자 네덜란드로 돌아가 암스테르담의 담당자에게 다시 월급을 청구하고 조선에서 겪은 일을 기록으로 남겼다.

이처럼 하멜표류기는 하멜이 밀린 급여를 청구하기 위해 증거

자료 확보를 위해 쓰기 시작했지만 결국 17세기 미지의 나라 조선의 모습을 세계에 알리는 데 결정적인 기여를 했다. 1662년의 "올해는 추수를 할 때까지 상황이 어려워서 수천 명의 사람이 기근으로 죽어갔다. 도로를 이용하기가 어려웠는데, 그것은 도둑들이 많기 때문이다"라는 기록 등에는 외국인의 눈에 비친 조선의 생활상이 생생하게 드러난다.

설문대할망이 한라산을 방망이로 치는 바람에 그 봉우리 하나가 떨어져 나왔다는 전설이 전해지는 산방산. 그 산방산이 내려다보이는 용머리 해안에는 하멜기념비와 함께 하멜이 의자에 앉아 있는 모습, 이들이 타고 온 배 모양의 상선전시관이 조성돼 있다. 상선전시관에는 월드컵 4강 신화의 주인공 히딩크 감독을 기념하는 공간도 만들어 네덜란드와의 각별한 인연을 강조하고 있다. 360년 전 하멜이 쓴 조선보고서 《하멜표류기》는 17세기 조선의 사회상과 더불어 제주도의 역사와 문화를 더욱 풍성하게 했다.

2017.08.10

1896년 2월을 기억하나요

1896년 병신년 2월 11일 고종은 궁녀가 타는 가마에 황급히 몸을 싣고 경복궁을 빠져 나왔다. 최종 목적지는 러시아 공사관. 우리 역사에서 '아관파천俄館播遷'이라 불리는 사건이다. 사건이 일어난 지도 꼭 120년이 지났다. 아관이라 한 것은 러시아를 아라사국俄羅斯國이라 칭했기 때문이다. 고종은 왜 러시아 공사관으로 피신을 했으며, 그날의 사건이 주는 의미는 무엇일까.

아관파천의 배경이 된 결정적인 사건은 한 해 전인 1895년 10월 8일에 일어난 을미사변이었다. 1894년 청일전쟁의 승리로 일제가 조선에 대한 침략 야욕을 강화하자 명성황후는 국제정세의 변화에 주목했다. 이제 종이호랑이가 된 청나라보다는 러시아가 조선의 국익에 도움을 줄 수 있다고 판단했다. 명성황후가 친일파를 축출하고 친러파를 양성하는 외교적 성향을 보이자 일제는 왕비

일제강점기 서울 중구 러시아 공사관에서의 고종과 대신들. 국립중앙박물관

살해라는 최악의 만행을 저질렀으니, 이것이 바로 을미사변이다.

을미사변은 경복궁의 건청궁에서 일어났고, 고종은 사건 당일 이곳에 있었다. 왕비가 피살된 후 고종은 사실상 일제에 의해 연금되었다. 이 무렵 조선에 영향력을 미치고자 했던 러시아는 공사 카를 베베르로 하여금 이범진, 이완용, 이윤용 등 친러세력과 함께 고종을 자국의 공사관으로 모셔오게 했다. 고종 역시 일제와 친일내각에 둘러싸인 경복궁이나 창덕궁, 창경궁보다 미국, 영국, 독일 공사관 등이 밀집된 정동貞洞 일대가 안전하다고 판단했다. 일제의 삼엄한 감시를 뚫고 고종은 2월 11일 새벽 태자와 함께 궁녀가 타는

서울 중구에 위치한 구러시아 공사관(사적 제253호) 3층 전망탑, 문화재청

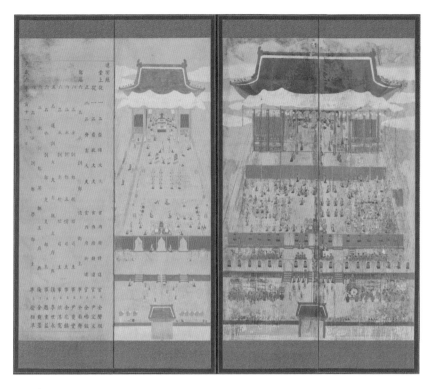

〈임인진연도 병풍〉, 대한제국, 비단에 채색, 각 177.3×202㎝, 국립고궁박물관

고종은 황제가 주체가 된 광무개혁을 추진하며 격랑을 헤쳐가려 했다. 사진은 1902년 (광무 6) 11월 고종의 즉위 40주년을 축하하기 위해 거행한 행사 장면을 기록한 병풍이다.

두 개의 교자를 타고 경복궁 동문 건춘문을 나와 정동에 있는 러시 아 공사관에 도착했다.《고종실록》에는 "왕과 왕태자는 대정동大貞 洞의 러시아 공사관으로 주필駐蹕을 옮겼고, 왕태후와 왕태자비는 경운궁에 옮겼다"고 그날을 기록하고 있다.

현재의 정동에 러시아 공사관 건물 전체는 사라졌지만, 공사관 전망탑은 현재까지도 그 원형을 유지하고 있다. 고종이 러시아 공사관을 택한 다른 이유는 근처에 경운궁이 있어서 새로운 왕궁으로 삼을 수 있었기 때문이다. 고종은 1897년 2월 20일 경운궁으로 돌아올 때까지 1년간의 파천 기간에 자주독립을 회복하고 '민국民國'을 건설한다는 새로운 구상을 했다. 그리고 그 결과물은 1897년 10월 12일 환구단(현재 웨스턴조선호텔 자리)에서 대한제국을 선포하는 것으로 나타났다. 이제 조선은 왕의 나라가 아닌 황제의 나라가 됐고, '조선'은 '대한제국'으로 국호가 바뀌었다. 그리고 고종은 광무개혁을 추진하면서 근대의 격랑을 헤쳐 나가려고 했다.

아관파천이 일어난 당시 세계 열강의 침략에 휘둘렸던 한국의 위상은 이제 놀라울 만큼 성장했다. 그러나 한반도를 둘러싼 국제 정세는 여전히 안개 속 상황이다. 북한의 핵개발, 일본의 우경화, 늘 힘자랑을 하고 싶어 하는 러시아, 그리고 미국과 중국의 경제대결까지. 왕이 다른 나라 공사관에 피신할 수밖에 없었던 120년 전 아픈 역사가 여전히 유효한 것은 한반도를 둘러싼 열강의 정치, 경제 야욕이 지금도 사라지지 않았기 때문일 것이다.

2016.02.16

광복과 조선왕실의 최후

광복절이 있는 달이어서 그런지 8월은 어느 달보다 조국에 대한 생각을 많이 하게 한다. 1945년 8월 15일은 조선 왕실의 인물들에게 각별한 의미로 다가왔을 것 같다. 특히 〈덕혜옹주〉라는 영화가 발표된 이후로 일제 강점 시기를 살아간 조선 마지막 공주의 비극적인 삶과 왕실의 모습에 대해서 관심을 갖는 이들이 많아졌다.

광복 때까지 생존했던 대표적인 왕실 인물은 마지막 황태자 영친왕 이은(1897~1970)과 영친왕 형인 의친왕 이강(1877~1955), 그리고 고종 황제가 환갑 때 낳은 늦둥이 딸 덕혜옹주(1912~1989)다.

영친왕은 1907년 황태자에 책봉됐으나, 바로 이토 히로부미와 함께 일본에 가게 된다. 형식상은 유학이었으나 실질적으로는 인질의 몸이었다. 1910년 국권이 상실되고 순종 황제가 이왕李王으로 격하되자, 황태자였던 영친왕 역시 왕세제로 격하됐다. 1920년 4

대한문 앞 만세시위, 독립기념관

월 일제의 내선일체 정책에 따라 일본왕족 마사코(한국명 이방자)와
정략 결혼했다.

영친왕은 강제 체류하는 동안 철저한 일본식 교육을 받았으며,
일본 육군사관학교를 거쳐 육군 중장까지 지냈다. 1945년 광복이
돼 귀국하고자 했으나, 조선 왕실에 대해 부담감을 느낀 이승만 정
부는 이를 허락하지 않았다. 덕혜옹주 역시 1925년 13세의 나이에
일본으로 강제 출국됐고, 1931년에는 대마도 백작 출신의 일본인
쇼 다케유키와 결혼을 하면서 많은 조선인의 분노를 사게 했다.

광복 후 덕혜옹주도 조국으로 돌아오지 못했다. 1946년에는 정

신병원에 입원하며 불우한 나날을 보냈다. 영친왕과 덕혜옹주는 박정희 정부 시절 마침내 귀국길에 오를 수 있었다. 그러나 귀국 후 지병으로 많은 고생을 했고 왕실의 위엄을 더 이상 보여줄 수 없었다. 공화정으로 변한 세상에서 왕실을 지켜 줄 사람도 없었고, 이들의 존재는 희미해져 갔다. 영친왕은 1970년, 덕혜옹주는 1989년 고국에서 조용히 생을 마감했다.

영친왕의 형으로 귀인 장씨 소생인 의친왕은 1900년 미국 유학을 다녀왔고, 일본의 조선 침투에 저항했다. 1910년 이후 독립운동가들과 접촉했고, 1919년에는 상해 임시정부로 탈출을 계획했

마지막 공주 덕혜옹주. 국립고궁박물관

으나 만주에서 일본 경찰에 체포돼 강제 송환 당하는 아픔을 겪었다. 영친왕과는 달리 끝까지 항일 정신을 지켰다는 점에서 조선왕실의 마지막 자존심을 보여준 인물이기도 했다. 그러나 의친왕에게도 광복은 별다른 기회가 되지 못했다. 변변한 대접을 받지 못한 채 현재의 서울 성북구 성락원에서 말년을 보내다가 1955년 79세로 생을 마감했다.

519년간 존속했지만 일제에 의해 강제합병을 당했고, 광복이

됐지만 공화국이 된 세상에서 조선왕실 사람들은 더 이상 존재의 의미가 없었다. 역사의 격랑 속에 휘말리며 불우한 삶을 살아갔던 조선왕실의 마지막 사람들에게 광복은 어떤 느낌이었을까. 덕혜옹주가 귀국 후 정신이 맑을 때 낙선재에 썼다는 낙서 한 장은 묘한 여운을 던져주고 있다.

"나는 낙선재에서 오래오래 살고 싶어요. / 전하, 비전하 보고 싶습니다. / 대한민국 우리나라."

2016.08.16

조선의 빼어난
기술과 문화재

찬란한 유산, 김정호의 대동여지도

추석이나 설 등 연휴 기간에는 차량 행렬이 온 도로를 꽉 메운다.
이때 어김없이 활용되는 것은 내비게이션 지도다. 조금이라도 빨
리 고향에 가고 싶은 마음은 내비게이션 지도의 길찾기에 모인다.
어느덧 내비게이션은 우리 생활의 일부가 되었다. 조선후기에도
지도에 혁명적인 변화가 찾아왔다. 이전까지 국가나 정부 기관 일
부에서 활용되던 지도가 대중화하게 된 것이다. 그 중심에 있었던
인물이 고산자古山子 김정호金正浩(1804~1866 추정)다. 최근에는 김정
호의 생애를 조명한 영화까지 개봉되어 김정호에 대한 관심이 커
지고 있다.

　《대동여지도》가 김정호의 작품이라는 것은 누구나 알고 있는 사
실이지만 대부분 《대동여지도》를 '지도'로 알고 있지, 책자 형태의
지도첩이 모여 완성된 것이라는 사실은 잘 모른다. 실제《대동여지

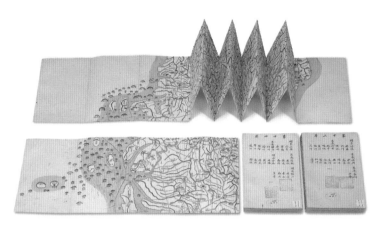

김정호, 〈대동여지도〉 복제, 1861년, 종이에 채색, 접은 면 30.6×20㎝, 국립중앙박물관

대동여지도는 책자 같은 절첩식이었으며 모두 펼쳐서 이어 붙이면 세로가 약 6.7m, 가로가 약 3.3m에 달할 정도로 거대했다.

도》는 1책에서부터 22책에 이르는 책자가 모여 그것을 모두 펼치면 우리나라 전도全圖가 되는 절첩식(접었다 폈다 할 수 있는 책자의 형식) 지도의 형태를 띠고 있다. 축적은 약 16만분의 1로 각 책은 세로 30cm, 가로 20cm 크기이며, 8폭으로 접을 수 있다. 전체를 펼치면 세로 6.7m, 가로 3.3m의 크기로, 실물을 본 사람은 우선은 그 방대한 크기에 압도된다. 게다가 보급을 위하여 그것을 목판으로까지 새겼으니 김정호는 대단한 인물임에 틀림없다.

김정호는 왜 평생을 지도 제작에 매달렸던 것일까? 무엇보다 김정호는 온 국토를 지도에 담으려는 열정을 지닌 지도 마니아였다. 그리고 이러한 지도 제작 배경에는 조선후기 상업의 발달이라는

김정호, 〈대동여지도 목판(보물 제1581호)〉, 1861년, 32×43㎝, 목판, 국립중앙박물관

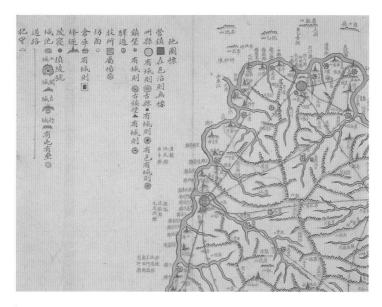

〈동여도〉, 19세기, 종이에 채색, 30.4×19.8㎝, 국립중앙박물관

시대적 상황이 맞물려 있었다. 상업의 발달로 성장한 상인들에게 전국을 권역별로 자세히 파악할 수 있는 정보가 필요했을 것이고, 김정호는 절첩식의 형태로 상인들이 휴대하기에도 편한 지도를 만든 것으로 여겨진다.《대동여지도》에 각 고을의 거리를 10리마다 표시한 것이나 역이나 원 등 상업과 관련된 정보가 자세한 것도 이를 입증한다. 그리고 목판으로 지도를 제작하여 대량 보급을 꾀한 것은 그만큼 이 시기에 지도 수요가 광범위했음을 보여준다.

《대동여지도》에는 산과 산줄기, 하천, 바다, 섬, 마을을 비롯하여

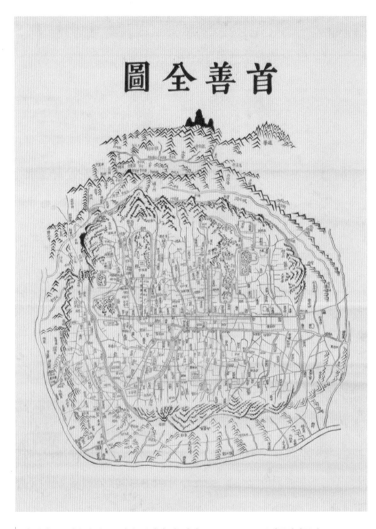

首善全圖

전 김정호, 〈서울전도〉, 18세기, 종이에 먹, 전체 100.5×74.5cm, 국립중앙박물관

내용과 구도, 필치로 보아 김정호가 제작한 것으로 추정되는 서울전도. 성 안은 균일한
축척이나 도성 밖은 소축척을 사용해 사물의 위치와 거리가 왜곡되는 단점이 있다.

역참, 창고, 관아, 봉수, 목장, 진보, 읍치, 성지, 온천, 도로 등이 고스란히 담겨 있다. 또한 범례에 해당하는 영아營衙, 읍치邑治, 성지城池, 봉수烽燧, 진보鎭堡, 창고, 역참驛站 등의 지도표를 만들어 훨씬 용이하게 지도를 볼 수 있게 하였다. 또한《대동여지도》의 모본母本으로 추정되는《동여도》23첩이 규장각에 소장되어 있는데,《대동여지도》가 목판본인 데 비해《동여도》는 채색 필사본으로 목판에는 새길 수 없었던 내용까지도 넣었다. 아마도 필사본《동여도》를 제작하고 대중들에게 보급하기 위해《대동여지도》를 제작한 것으로 여겨진다.

이외에 김정호는《동여도지》,《여도비지》,《대동지지》등 3대 지리서를 편찬하기도 하였다. 평생을 지도와 지리서 제작에만 매달린 한 명의 선각자로 인해 우리는 150여 년 전 조선사회의 모습을 생생하게 살펴보는 행운을 누리고 있다.

2016.09.13

정조의 화성행차, 타임머신 속으로

10월은 축제의 계절이라고 불러도 좋을 만큼 여러 지역에서 많은 행사가 거행된다. 최근에는 우리 역사와 문화를 소재로 한 축제가 연고 지역을 중심으로 활발하게 진행되고 있다. 이 중에서도 특히 눈길을 끄는 행사는 1795년(정조 19) 정조가 어머니 혜경궁 홍씨의 회갑을 맞이해 단행한 화성 행차의 재현이었다. 정조의 화성 행차 재현은 이제까지 몇 차례 거행됐지만, 이번 행사는 서울시와 수원시가 협력해 최대 규모로 진행했다.

1795년 윤 2월 9일 새벽, 정조는 창덕궁을 출발해 화성으로 향했다. 1795년은 정조에게 각별한 해였다. 어머니 혜경궁 홍씨가 회갑을 맞았고, 어머니와 동갑인 사도세자가 살아있었더라면 함께 회갑 잔치를 올려야 하는 해였다. 또한 1794년에 공사를 시작한 화성이 어느 정도 윤곽을 드러내고 있어서 직접 공사 현장을 둘러볼

〈수원화성 팔달문(보물 제402호)〉, 문화재청

필요도 있었다. 왕위에 오른 지 20년이 다 돼가는 시점에서 정조는
조선왕조를 통틀어 가장 성대하고 장엄한 행사를 추진했다.

정조의 행차는 8일간 계속됐다. 행렬의 모습을 담은 반차도에
나타난 인원은 1,779명이지만, 미리 현장에 가 있거나 도로변에 대
기한 인원까지 포함하면 전체 규모는 6,000여 명에 달했다. 새벽에
창덕궁을 출발한 행렬은 현재의 용산과 노량진을 잇는 배다리를
건넜고, 저녁에 시흥행궁에 도착해 하룻밤을 묵었다. 둘째 날에는
시흥을 출발해 이날 저녁 화성행궁에 도착했다. 행렬이 화성의 장
안문을 들어갈 때에 정조는 갑옷으로 갈아입고 군문軍門에 들어가

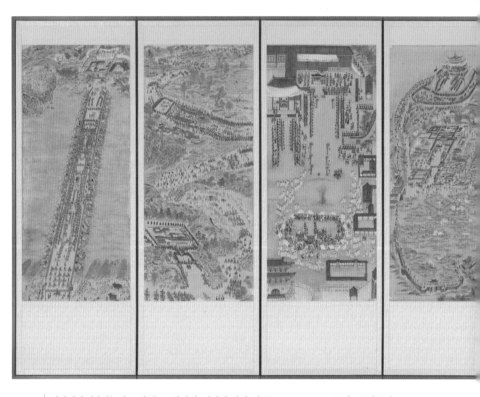

작자미상, 〈화성능행도 병풍〉, 조선시대, 비단에 채색, 각 폭 216.8×77.5cm, 국립고궁박물관

정조가 1795년 어머니 혜경궁 홍씨의 회갑을 기념하여 사도세자의 묘소 현륭원이 있는 화성에 참배한 후 행한 행사 장면을 그린 8폭 병풍이다. 현재 화성능행도 병풍은 여러 점이 전해지고 있는데 이 병풍도 후대에 모사된 것으로 추정된다.

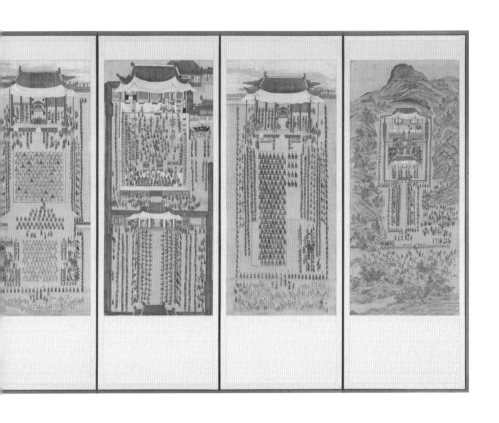

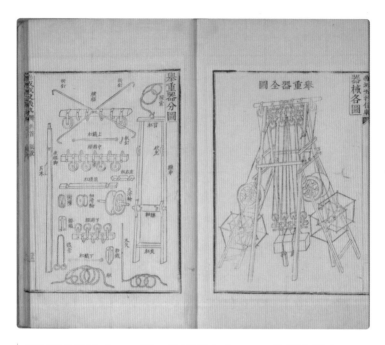

〈화성성역의궤(보물 제1901-7호)〉, 조선시대, 종이, 34.2×21.9㎝, 국립중앙박물관

1794년 1월부터 1796년 8월까지, 수원 화성 성곽을 축조한 내용을 기록한 것이다. 화성 성곽은 원래 10년 예정의 계획을 세웠으나 정조가 팔달산에 올라 지시한 축성의 방략에 따라 착공되어 32개월 만에 완성되었다. 이 책에서는 특히 축성법에 대해 상세히 다루고 있는데, 축성에 사용한 각종 기계들이 그려져 있다.

는 절차를 취했다. 셋째 날에는 아침에 화성향교의 대성전에 가서 참배를 하고, 오전에는 낙남헌으로 돌아와 화성 인근의 거주자를 대상으로 한 별시를 거행했다. 넷째 날 아침 부친의 무덤인 현륭원에 참배를 했다. 남편의 무덤을 처음 방문한 혜경궁 홍씨의 슬픔이 너무 큰 것을 보고 정조는 조급하고 당황해 했다. 오후에는 화성의 지휘본부인 서장대에서 군사훈련을 직접 주관했다. 다섯째 날에는 행차의 하이라이트인 어머니 회갑연이 거행됐다. 잔치에 공연된 춤과 음악, 손님에게 제공된 음식의 세세한 내역은 현재에도 기록으로 남아 있다. 여섯째 날에는 화성의 곤궁한 주민들에게 쌀을 나눠주고, 오전에 낙남헌에서 양로연을 베풀었다. 한양으로 돌아오는 날 정조는 부친의 묘소가 마지막으로 보이는 고갯길에서 계속 걸음을 멈추었다. 이후 이 고개는 '지지대遲遲臺(걸음이 더뎌지고 머뭇거리게 된다는 뜻) 고개'라 불렸다.

정조는 화성을 오가는 길에 억울한 일이 있으면 이를 호소하게 했다. 백성들의 민원을 살피고 이를 해결하는 기회로 활용한 것이다. 노인을 초청해 효를 강조하는 한편, 대규모 군사를 동원해 군사훈련을 실시하여 수도권의 방위 체제를 점검하는 장으로 만들었다. 1795년의 화성 행차는 부모에 대한 효심을 다한다는 의미 이외에, 정조가 그동안 이룩했던 왕의 위엄을 과시하고, 신하와 백성의 충성을 결집시켜 개혁 정치에 더욱 박차를 가하려는 정치적 목적도 담겨 있었다. 이러한 역사적 의미를 알고 화성과 화성행궁을 찾아보는 것도 좋을 것 같다.

2016.10.12

한양 도성을 걸어보는 즐거움

외국인들이 서울을 방문하면 가장 놀라는 것 중 하나가 세계적인
도시 서울 곳곳에 많은 산이 있는 것이라고 한다. 실제 강을 끼고
있는 큰 도시는 많지만 도심 한복판이 산으로 둘러쳐진 경우는 흔
치 않다. 1394년(태조 3) 10월 조선의 수도를 한양으로 옮긴 이유
도 한양에는 큰 산 네 곳 즉 동쪽 낙산, 서쪽 인왕산, 남쪽 목멱산
(남산), 북쪽 북악산이 둘러 있어서 국방에도 유리했고, 도성 백성의
관리에도 편리했기 때문이었다.

　1395년 9월 태조는 도성 축조도감築造都監을 설치하고 정도전으
로 하여금 성터와 네 곳의 산을 연결하는 한양 도성을 조성케 했다.
1396년 1월부터 전국의 장정 11만 8,000명이 동원됐고, 축성 구역
을 97개 구역으로 나눠 전라도, 충청도, 경상도 등 각 지역별로 담
당 구역을 정했다. 각 구역을 천자문의 순서대로 표시한 것도 흥미

흥인지문(보물 제1호), 문화재청

흥인지문은 유일하게 적을 공격할 수 있는 '옹성'이 있어 2,300명이 동원된 영조의 국장, 태조의 건원릉과 양부인 익종의 수릉을 방문했던 고종의 능행길 등에 이용되었다.

롭다. 북악산 동쪽에서 천자天字로 시작해 낙산, 남산, 인왕산을 거쳐 다시 백악산 서쪽의 조자冊字까지 구획했다. 《신증동국여지승람》에 따르면, 산을 이은 도성의 둘레는 9975보步로 18,627km 정도가 된다.

성곽 동서남북의 중심에는 크게 4개 문을 뒀다. 동쪽에 흥인지문興仁之門, 서쪽에 돈의문敦義門, 남쪽에 숭례문崇禮門, 북쪽에 숙정문肅靖門(靖은 智자와 통함)을 뒀는데, 도성 문의 이름에 '인의예지仁義禮

숭례문(국보 제1호), 문화재청

銘'를 넣어 유교이념을 늘 기억하게 했다.《경국대전》에는 밤 10시쯤 인정人定(성문을 닫음) 종소리가 28회 울리면 도성 문이 닫혔고, 오전 4시쯤에 파루罷漏(성문을 엶) 종소리가 33번 울리면 도성 문이 열렸음이 기록돼 있다. 세종은 1421년 10월 도성 수축도감을 설치하고 보수공사를 시작했다. 전국에서 32만여 명을 동원했는데, 당시 한양 인구가 10만 명 정도임을 고려하면 도성 보수가 역점 사업이었음을 알 수 있다.

　세종 이후 도성을 대대적으로 개축한 왕은 숙종이었다. 임진왜란과 병자호란이라는 두 번의 큰 전쟁에서 도성은 한양의 방어에

제대로 활용되지 못했다. 이에 숙종은 성곽을 보수해 방어처로 활용해야겠다는 의지를 보이며 1705년(숙종 31)에 도성 보수공사를 시작했다.

숙종대에는 규격화된 돌을 사용해 질서정연하게 도성을 쌓았다. 태조 대에는 다양한 크기의 깬 돌을 규칙 없이 쌓았고, 세종대에는 아래쪽은 크고 위쪽은 작은 돌을 사용한 데 비해 숙종 대에는 네모나게 다듬은 규격화된 돌을 사용했다. 이 방법은 성이 파손됐을 때 보수하기 편리하다는 장점이 있다. 도성을 걸으면서 서로 다른 돌의 모습을 만나는 것도 큰 즐거움이다.

한양 도성은 본래 외적의 공격을 막을 수 있는 방어 기능과 더불어 국가의 권위를 백성에게 보여주는 통치적인 역할도 했다. 여기에 더해 최근에는 시민의 휴식공간이자, 서울의 역사와 문화를 느낄 수 있는 장소로 새롭게 떠오르고 있다. 동서양에 많은 역사 도시가 있지만 도성의 모습을 온전하게 유지하고 있는 곳은 매우 드물다. 한양 도성은 현재 유네스코의 세계문화유산 등재를 추진 중이기도 하다. 새해에는 한양 도성을 찾아 세계적인 도시 서울의 또 다른 면모를 만나 보기를 바란다.

2016.01.12

경복궁과 전각의 이름에 담긴 뜻

1392년 7월 17일 이성계는 개성의 수창궁에서 고려의 마지막 왕 공양왕에게 왕위를 물려받았다. 고려 말 추진한 역성혁명易姓革命이 완성되고 조선이 건국되는 순간이었다. 조선 건국의 최고 주역은 이성계의 참모 정도전鄭道傳(1342~1398)이었다. 정도전은 태조 이성계의 강력한 신임 속에 조선 건국 후에도 1394년 10월의 한양 천도, 경복궁 완성, 종묘와 사직의 정비, 한양 도성의 건설 등 주요한 국가 정책을 진두지휘 했다. 그가 밑그림을 그리기만 하면 도시와 제도가 정비되는 그야말로 정도전 득의得意의 시기였다.

왕도정치, 도덕정치, 민본정치를 지향하는 성리학을 국시國是로 삼은 정도전은 경복궁 조성에도 그 이념이 관철되기를 원했다. 천자는 남면南面(남쪽을 바라 봄)해야 한다는 원칙하에 북악 남쪽의 평평하고 넓은 터에 755칸 규모의 새 궁궐이 처음 세워진 것은 1395

년(태조 4) 9월 29일의 일이었다.

755칸의 건물 규모는 왕의 궁궐 치고는 상당히 초라한 느낌까지 주는데, 이것은 왕부터 모범적으로 성리학 이념을 실천해야 한다는 정도전의 의지가 반영된 것이었다. 왕의 거처부터 화려함 보다는 검소와 절약을 실천하여 만백성의 모범이 됨을 상징적으로 보여주자는 것이었다.

궁궐이 완성된 후인 1395년 10월 7일 태조는 같은 날 낙성된 종묘에 4조祖의 신위를 개성으로부터 옮겨 모시고 친히 새 궁궐을 살핀 다음 잔치를 베풀었다. 술이 세 순배가 돌자 태조는 "궁궐의 이름을 지어 나라와 더불어 길이 빛나도록 해야 할 것"이라 하면서 정도전으로 하여금 새 궁궐의 이름과 각 전당의 이름을 짓도록 명

경복궁 사정전(보물 제1759호), 문화재청

하였다. 정도전은 술이 취해 기분이 좋은 태조의 모습에서 《시경》의 '주아周雅'편을 떠올렸다. 그리고 주아편을 인용하여, '이미 술을 마셔서 취하고 큰 은덕으로 배부르니 군자께서는 만년토록 큰 복景福을 누리리라'라는 의미로 정궁의 이름을 경복궁으로 짓기를 청해 태조의 허락을 받았다.

정전正殿인 근정전勤政殿을 비롯하여, 정무를 보는 사정전思政殿, 침전인 강녕전康寧殿 등의 이름도 이때에 지어졌다. 근정전에서는 무엇보다 왕이 부지런해야 함을 강조하였다. 정도전은 "천하의 일은 부지런하면 다스려지고 부지런하지 못하면 폐하게 됨은 필연한 이치입니다"라고 한 후 "아침에는 정사를 듣고, 낮에는 어진 이를 찾아보고, 저녁에는 법령을 닦고, 밤에는 몸을 편안하게 하는 것

경복궁 근정전 내부 옥좌, 문화재청

이 왕이 부지런한 것입니다"라고 하여 왕이 구체적으로 부지런해야 할 점을 언급하였다.

특히 "어진 이를 구하는 데에 부지런하고 어진 이를 쓰는 데에 빨리 한다"고 하여 현명한 인재 등용의 중요성을 강조한 것이 주목된다. 왕의 편전을 사정전으로 이름한 것은 "천하의 이치는 생각하면 얻을 수 있고 생각하지 아니하면 잃어버리는 법입니다"라고 하여 왕이 언제나 깊이 생각한 후 정책을 결정할 것을 권하고 있다.

경복궁 근정전 천장의 쌍용. 문화재청

왕의 침전인 강녕전의 이름은《서경書經》의 홍범구주洪範九疇의 오복五福 중에서 세 번째 복이 강녕康寧인 것에서 착안한 것이었다. 정도전은 왕이 마음을 바루고 덕을 닦아 대중지정大中至正한 도를 세우면 오복을 누릴 수가 있으며, 오복의 가운데인 강녕에 들면 나머지 네 가지 복인 수壽·부富·유호덕攸好德(덕을 좋아 함)·고종명考終命(천명을 다함)이 따라올 수 있다고 하였다.

정도전은 혼자 있는 공간인 침전에 대해서는 왕이 각별히 주의

해야 한다고 말했다. "마음을 바루고 덕을 닦는 일은 여러 사람이 다 보는 데서는 애써 실천하지만, 한가하고 혼자 있을 때는 쉽게 안일에 빠져서 경계하는 뜻이 매양 게으르게 됩니다"라며 왕이 특히 게으름을 경계할 것을 강조하였다. 강녕전에는 부속 건물도 두어 동쪽의 소침小寢을 연생전延生殿이라 하고 서쪽 소침을 경성전慶成殿이라 하였다. 정도전은 "전하께서 천지의 생성生成하는 것을 본받아서 그 정령을 밝히게 한 것입니다"라고 그 이름을 지은 뜻을 밝혔다.

이처럼 정도전은 경복궁은 물론이고 근정전, 사정전, 강녕전 등각 전각殿閣의 이름을 짓고 그 이름에 담긴 의미를 밝혔다. 정도전이 경복궁으로 이름을 지은 지 약 3개월 후 점을 쳐서 길일로 잡은 12월 28일 태조는 마침내 이곳에 들어와 살았다.

길하다는 날을 골라서 만든 경복궁, '군자 만년 큰 복을 누리리라'는 칭송으로 가득했던 경복궁은 태조가 들어가 산 지 채 3년도 못 가서 골육상쟁의 피비린내가 진동하는 1398년 '1차 왕자의 난'이 일어나는 비극의 공간이 되고 말았다. 그래서일까? 1592년 임진왜란으로 경복궁이 폐허가 된 후 조선후기의 왕들은 창덕궁과 창경궁을 중건하는 대신에 경복궁은 중건하지 않았다.

조선왕실을 상징하는 공간 경복궁은 폐허가 된 지 270여 년 만에 다시 그 위용을 드러내게 된다. 흥선대원군이 집권하면서 왕실의 위엄을 드러내기 위해 경복궁 중건 사업을 지시한 것이다. 흥선

안중식, 〈백악춘효(등록문화재 제485호)〉, 1915년, 그림 129.3×49.9㎝, 비단에 채색,
국립중앙박물관

1868년 중건된 경복궁은 일제강점기 일본에 의해 다시 곳곳이 허물어지게 되었다.
1915년 안중식이 백악과 경복궁의 실경을 그린 〈백악춘효〉는 여름본과 가을본 2점이
전해지며, 당시 시대를 보았을 때 일부는 사료를 활용해 그렸던 것으로 추정된다.

대원군은 경복궁의 완성자 정도전의 명예를 회복시켜 주기도 했다. 흥선대원군 집권기에 추진된 경복궁 중건 사업은 1868년 경 그 완성을 보았고, 경복궁은 오늘날 대한민국과 서울을 대표하는 역사문화 공간으로 자리를 잡고 있다.

2014.12

가장 조선적인 궁궐 창덕궁

'눈이 시리도록 푸른 하늘'이라는 말이 실감날 정도로 맑은 하늘과 선선한 바람이 불어와 완연히 가을을 느낄 수 있는 이 계절에 꼭 추천하고 싶은 장소가 있다. 1997년 유네스코 세계유산으로 지정돼 세계적으로도 그 가치가 알려진 궁궐 창덕궁이다. 창덕궁은 1405년 한양으로 재천도한 태종에 의해 건설됐다.

이미 세워진 법궁法宮인 경복궁의 기능을 보완하려는 목적과 함께, 경복궁은 1398년 왕자의 난이 일어난 장소여서 태종에게 정치적으로 부담스러웠던 점도 큰 작용을 했다. 《태종실록》에서 태종이 "내가 어찌 경복궁을 허기虛器로 만들어서 쓰지 않는 것이냐? …술자術者가 말하기를, '경복궁은 음양의 형세에 합하지 않는다' 하니, 내가 듣고 의심이 없을 수 없으며, 또 무인년 규문閨門의 일은 내가 경들과 말하기에는 부끄러운 일이다. 어찌 차마 이곳에 거처할 수

창덕궁 인정전(국보 제225호) 내부옥좌, 문화재청

있겠는가"라고 하였는데 무인년 규문의 일은 바로 태종이 왕자의 난을 일으켜 이복동생 방석을 희생시킨 사건을 말한다.

창덕궁은 동서축의 공간이 넓고 후원 영역이 발달해 왕이 거처하기에 편안했기 때문에 조선의 왕들이 가장 많이 생활한 공간이었다. 임진왜란 때 폐허가 돼 1868년 중건 사업을 완료한 경복궁과 달리, 창덕궁은 임진왜란 후 바로 복구 작업에 착수해 조선후기에는 법궁의 기능을 하면서 실제적으로 조선을 대표하는 궁궐이 되었다. 조선의 왕들이 가장 많이 활동을 했고, 주요한 역사적 사건을 지켜 본 궁궐이었다.

정전인 인정전은 국보로, 편전인 선정전과 희정당은 각각 보물로 지정돼 있다. 창덕궁 인정문에서는 연산군을 비롯해 효종, 현종, 숙종, 영조, 순조, 철종, 고종 등 8명의 왕이 즉위식을 올렸으며, 연산군과 광해군은 반정으로 창덕궁에서 왕의 자리에서 쫓겨났다. 왕의 침전인 대조전에서는 인조와 효종이 승하하고, 효명세자가 태어났다. 인정전은 숙종이 인현왕후를 왕비로 맞이한 곳이기도 하다.

창덕궁에서 가장 아름다운 공간은 후원 영역이다. 자연 경관을 배경으로 한 건축과 조경의 예술적 가치가 뛰어나 한국 전통건축 및 조경의 정수로도 손꼽힌다. 정조가 세운 규장각과 주합루를 비롯하여 존덕정, 관람정, 취규정, 소요정, 태극정 등 아름다운 정자들이 곳곳에 배치돼 있다. 순조 대에 효명세자가 아버지를 위해 지

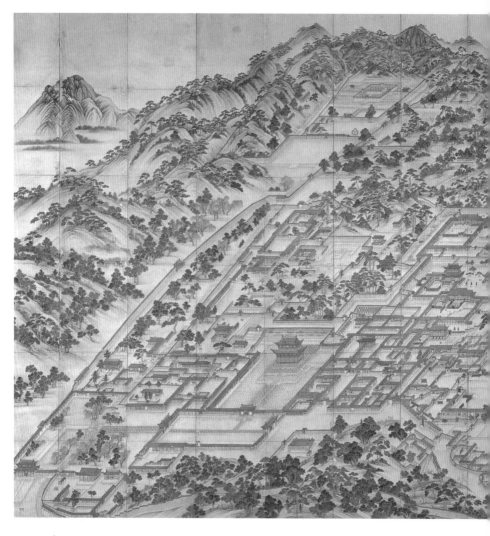

〈동궐도(국보 제249-1호)〉, 273×576cm, 고려대박물관

창덕궁과 창경궁을 그린 작품으로 그림에 들어있는 건물들의 소실여부와 재건된 연대 등으로 짐작하여 1830년(순조 30) 이전에 도화서 화원들이 그린 것으로 추정된다. 회화 적 가치보다는 궁궐 건물 연구에 더 큰 의미를 갖고 있다. 평면도인 궁궐지나 동궐도 형보다 건물 배치나 전경을 시각적으로 잘 표현하고 있어 고증적 자료로서 중요한 가 치를 지닌다.

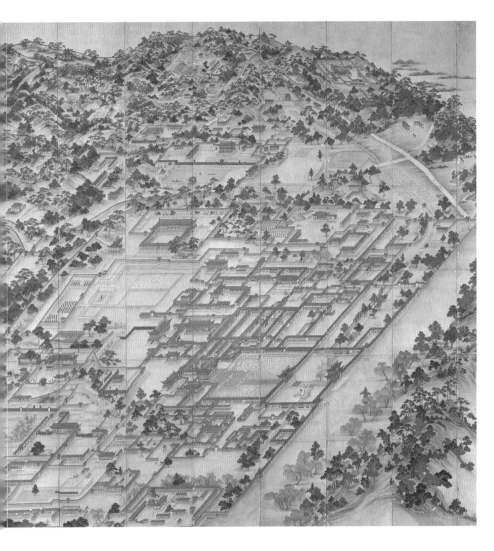

동궐도(국보 제249-1호) 대조전 부근 확대도,
고려대박물관

은 연경당은 궁궐 안에 사대부 집의 형태를 띤 건물로 단청을 하지 않은 것이 특징이다. 왕이 직접 농사를 짓고, 볏짚으로 지붕을 덮은 것이 이색적인 청의정도 주목된다. 넓은 바위와 폭포로 절경을 이루는 소요암과 옥류천 일대에서는 인조가 직접 쓴 '玉流川' 글씨와 절벽 바위에 새겨져 있는 숙종의 시를 찾을 수 있다.

요즘에는 창덕궁의 야간 탐방도 허용된다. 살아 숨을 쉬는 궁궐 만들기 일환으로 특정 기간 동안 '달빛 기행' 행사를 마련하여, 밤 8시에 창덕궁 정문인 돈화문으로 들어가서 인정전 등을 거쳐, 낙선재 후원을 돌아 나오는 체험 행사를 하고 있다. 창덕궁에서 역사와 문화의 향기를 접하는 추억을 만들어 보았으면 한다.

2017.09.21

관동별곡과 함께하는 강원도 기행

본격적인 휴가철이 시작됐다. 산과 바다가 절경을 이루는 강원도 지역은 무더위를 피하는 대표적인 여행지로 손꼽힌다. 2018년 평창 동계올림픽을 앞두고 서울과 양양 간 고속도로가 개통되면서 이곳을 찾는 발길이 더욱 많아졌다.

강원도에 대한 정취를 더욱 풍부하게 해주는 글이 조선 중기의 학자 정철鄭澈(1536~1593)이 쓴 〈관동별곡關東別曲〉이다. 누구나가 학창시절 국어 시간에 학습했던 그 글에는 437년 전 강원도의 풍광이 파노라마처럼 펼쳐진다. 1536년 현재의 서울 청운초등학교 인근에서 태어난 정철은 45세가 되던 1580년 1월 강원도 관찰사로 임명됐다. 당시 상황을 정철은 〈관동별곡〉에서, "영추문으로 들어와 경회루 남문 바라보며 하직하고 물러나니 옥절玉節(관찰사의 행차를 알리는 표신)이 앞에 섰다"고 표현하고 있다.

낙산사 의상대와 홍련암(명승 제27호), 문화재청

경포대(시도유형문화재 제6호), 강릉시

관동팔경은 관동지방, 즉 강원도 인근 동해안에 있는 8개의 명승지를 뜻한다. 고성의 청간정과 삼일포, 강릉의 경포대, 삼척의 죽서루, 양양의 낙산사, 울진의 망양정, 통천의 총석정, 평해의 월송정이 그것이다.

　　정철은 문학가로 널리 알려져 있지만, 동인과 서인의 당쟁이 본격화되던 시기 서인의 강경파로 활약한 대표적인 정치인이기도 하다. 강원도 관찰사로 가게 된 것도 당쟁의 와중에서 동인의 탄핵을 받아 중앙의 관직에 있기는 어려워 지방의 관찰사로 나가게 된 것이다. 정철의 여정은 섬강과 치악을 거쳐 통천의 총석정에서 시작해 고성 삼일포, 간성 청간정, 양양 낙산사, 강릉 경포대 및 삼척 죽서루와 현재는 경상도에 속하는 울진의 망양정, 평해 월송정에 이

정선, 〈신묘년 풍악도첩-총석정〉, 1711년, 비단에 엷은 채색, 37.8×37.3㎝, 국립중앙박물관

르는 8경이 중심을 이룬다.

정철은 관찰사 부임을 계기로 관동의 명승지를 찾아 재충전의 시간을 갖는 한편 지역 민심을 제대로 파악해 중앙 정치에 복귀했을 때 어떤 정치를 해야 할 것인가의 구상까지 담았다. 〈관동별곡〉 곳곳에 명승지에 대한 묘사와 더불어 자신의 느낌까지 피력한 것도 이러한 의지가 반영돼 있기 때문이다.

강릉에 대해서는 "강릉 대도호부 풍속이 좋을시고/절효정문節孝旌門이 고을마다 서 있으니"라고 하여 이곳이 효자와 열녀의 고향임을 언급했다.

금강산의 원통골과 화룡소 일대를 답사한 여정에서 "원통골 가는 길로 사자봉獅子峰을 찾아가니/그 앞에 넓은 바위 화룡소 되었구나/천년 노룡老龍이 굽이굽이 서려있어/주야로 흘러내어 창해滄海에 이어지니/풍운風雲을 언제 얻어 삼일우三日雨를 내리려느냐?/음지에 시든 풀을 다 살려 내리라"고 한 표현이나, 마지막 부분에서 "이 술 가져다가 사해에 고루 나눠 억만 창생蒼生을 다 취케 만든 후에 그제야 고쳐 만나 또 한잔 하자꾸나"에서도 백성의 삶을 걱정하고 이들을 위해 최선을 다하겠다는 작자의 의지가 잘 나타나 있다.

〈관동별곡〉에서 정철은 주요 명승지 외에 그 지역의 역사와 문화를 보았고, 왕에 대한 충성과 민생 문제 해결을 늘 다짐했다. "강원도 관찰사 정철이 도내의 병폐를 진달하였는데, 왕이 가상히 여겨 답하고 해당 관사에 내려 의논하여 시행하도록 하였다"는 《선

청간정(시도유형문화재 제32호), 한국관광공사

삼척 죽서루(보물 제213호), 문화재청

조수정실록》1580년 7월의 기록에서도 정철의 강원도행은 단순한 여행이 아니라, 백성들의 삶의 현장을 찾아, 그 문제점을 해결하려 한 목적이 컸음을 확인할 수가 있다. 휴가철 관동 지역을 찾을 때는 〈관동별곡〉의 기록과 함께하는 것은 어떨까. 수려한 자연 풍광과 함께 인문학의 향기에 젖어들 수 있는 즐거움을 찾을 수 있을 것이다.

2017.07.27

난중일기와 쇄미록

새해가 되면 많은 사람이 공통적으로 하는 결심이 있다. 매일의 일기를 기록해 삶을 정리하고 반성의 계기로 삼고자 하는 것이다. 그래서인지 새해가 되면 각종 다이어리가 많이 팔려 나간다. 요즈음에는 그 정도가 덜하지만 나의 학창 시절에는 담임 선생님이 일기 쓰기를 독려하고 늘 일기장 검사했다. 방학 숙제 중 일기가 꼭 포함돼 있어 방학이 끝날 무렵 밀린 일기를 쓰다 날씨 때문에 고민했던 기억도 선하다.

일기 쓰기의 전통에 관한 우리 민족은 결코 뒤지지 않는 유전자를 지닌 듯하다. 편년체로 왕실의 주요 사건을 기록한《조선왕조실록》을 비롯해 왕의 비서실 일기인《승정원일기》, 정조가 세손 시절부터 쓴 일기에서 시작해 국정의 최고 기록이 된《일성록》은 이미 유네스코가 지정한 세계기록유산이 됐다.

이순신 장군이 쓴 진중일기인《난중일기》또한 2013년 세계기록유산으로 지정됐다.《난중일기》는 정조 때인 1795년 이순신 장군의 전집인《이충무공전서》를 편찬하는 과정에서 그때까지 연도별로 전해지던 이순신 장군의 일기를 모아서《난중일기》라고 그이름을 붙인 것이다.

　　《난중일기》에는 장군 이순신의 면모와 더불어 가족을 걱정하는 인간적인 모습까지 다양하게 나타난다. 특히 어머니 변씨에 대한 그리움은 일기 곳곳에서 찾을 수 있다. 1593년 5월 4일에는 "오늘이 어머니 생신이지만 적을 토벌하는 것 때문에, 가서 장수를 축하하는 술잔을 올리지 못하니 평생의 한이다"라고 했으며, 1595년 1월 1일에는 "팔순의 병드신 어머니를 생각하며 초조한 마음으로 밤을 새웠다"고 기록하고 있다. 1597년 4월 13일 이순신은 어머니가 사망했다는 소식을 들었다. "종 순화가 배에서 와서 어머니의 부고를 전했다. 뛰쳐나가 뛰며 뒹구니 하늘의 해조차 캄캄하다. 곧 해안으로 들어가니 배가 벌써 와 있었다. 길에서 바라보며 통렬한 마음을 다 적을 수 없다"면서 어머니를 잃은 자식의 아픔을 절절하게 표현했다.

　　"아침에 옷이 없는 군사 17명에게 옷을 지급했다. 또 여벌로 한 벌씩을 주었다. 종일토록 바람이 험했다"는 1596년 1월 23일의 기록에서는 따뜻한 지휘관의 모습이 엿보인다. 원균에 대한 서운한 감정이 드러난 부분도 눈길을 끈다. "영남수사 원균이 왔는데 술주

정이 심하기가 말할 수 없다. 배를 탄 장군과 병사들이 놀라고 분노하지 않은 이가 없었다"는 1593년 5월 14일의 기록이 대표적이다. 일기의 마지막은 노량해전에서 전사하기 이틀 전인 1598년 11월 17일 "왜의 중간 배 한 척이 군량을 가득 싣고 남해로부터 바다를 건너는 때에 한산도 앞 넓은 바다까지 추격했다. 왜적은 해안을 의지해 육지를 타고 달아났다"는 기록으로 끝까지 왜선을 추격하는 모습을 일기에 담고 있다.

《난중일기》의 사례에서도 보듯이 우리 민족은 일기에 관한 한 세계적 수준의 기록정신을 보유했다. 그런데 최근 들어 정보화 시대의 도래와 인터넷의 유행 등으로 일기 문화가 점차 사라지는 듯해 안타까운 마음이 든다. 여유가 있다면은 손 글씨로 자신의 하루하루를 정리해볼 것을 권한다. 1년, 10년, 20년의 기록을 모아 자신의 역사를 만들어 가는 경험은 우리의 삶에 큰 의미를 부여할 것이다.

그런데 《난중일기》 외에 임진왜란 당시 피난민의 입장에서 당시 상황을 생생히 기록한 책도 있다. 조선 중기의 학자 오희문吳希文(1539~1613)이 쓴 《쇄미록鎖尾錄》이 그것으로, 6·25 전쟁 시기 피난 생활을 기록으로 남긴 것과도 유사하다. 1591년 11월부터 시작해 1601년 2월까지 9년 3개월간의 내용을 담고 있다.

제목을 '쇄미록'이라 한 것은 《시경》의 '쇄혜미혜瑣兮尾兮(누구보다도 초라함이여) 유리지자遊離之子(여기저기 떠도는 사람들)'에서 '쇄'와

오희문, 〈쇄미록(보물 제1096호)〉, 조선시대, 종이, 국립진주박물관

'미'를 따온 것으로, 유리기遊離記 또는 피난기라는 뜻을 담고 있다. 임진왜란이 일어나기 전 오희문은 장수현감으로 있던 처남 이빈李贇의 집에 머물고 있다가 전쟁이 일어나자 홍주, 임천, 아산, 평강 등 연고가 있는 지역으로 피난을 했다. 일기의 기록을 따라가 보면 "전하는 말을 들으니 왜선倭船 수백 척이 부산에 모습을 나타냈다 하더니 저녁에 들으니 부산과 동래가 모두 함락됐다고 하니 놀라움을 이길 수가 없다. 생각건대, 성주가 굳게 지키지 못한 까닭이다 (1592년 4월 16일)." "적이 서울로 들어가서 대가大駕가 서쪽으로 파천하고 도성을 지키지 못했으니 슬프다. 우리 생령生靈들이 모두 흉한 칼날 앞에 피를 흘리고 늙은 어머니와 처자가 유리하여 떠돌아 죽고 산 것을 알지 못하니 밤낮으로 통곡할 뿐이다(4월 19일)" 등 전쟁의 참상을 증언한 내용이 다수를 이룬다.

개인의 피난 생활도 자세히 기록돼 있다. 1592년 7월 초부터 오희문은 한 달 이상 거의 매일 산속 바위 밑에서 지냈다. "산속 바위 밑에 있었다. 아침에 사람을 보내서 현에 가서 적의 소식을 알아오게 하고 또 두 종을 보내서 감추어둔 바위구멍에서 옷을 가져다가 추위를 막을 계획을 세웠다(5일)." "골짜기 산속 시냇가에서 잤다. 이날은 곧 칠석 가절佳節이다. 갓모를 쓰고 밤을 새웠다. 이 밤의 괴로움은 입으로 형용해 말할 수가 없다(7일)"는 등의 기록에서는 비참한 피난 생활이 잘 나타나 있다.

7월 15일의 일기에는 울고 있는 모자의 사연을 전하고 있다. "세

사람이 떠돌면서 걸식했는데 이제는 더 빌어먹을 곳이 없어서 장차 굶어 죽게 됐으므로 내 남편이 우리 모자를 버리고 갔으니 우리 모자는 굶어 죽을 수밖에 없어서 우는 것이다"라고 기록하고 있다. 1594년 4월 2일의 일기에 기록된 사람끼리 잡아먹는 상황에 관한 내용이나, 피난 후 돌아온 집에 "시체가 쌓여서 들어갈 수가 없다"고 한 기록에서는 전쟁이 인간을 얼마나 큰 파멸로 이끌어가는가를 잘 보여준다.

2016.06.21

조선왕조실록의 편찬과
보관이 주는 지혜

2016년의 리우 올림픽에서 전 세계를 놀라게 한 종목은 양궁이라고 할 수 있다. 한국 양궁은 모든 종목에서 금메달을 획득했을 뿐만 아니라, 여자 단체전의 경우 1988년의 서울 올림픽부터 무려 8회 연속 우승이라는 쾌거를 이뤄냈다. 이쯤 되면 활쏘기 능력에 관한 한 한국인에게는 특별한 유전자가 있다고 볼 수밖에 없다. 고구려의 건국 시조 주몽이 '활을 잘 쏘는 아이'란 뜻이고, 말을 타며 활을 쏘는 고구려 고분벽화 속 무사들의 모습이나 신이한 능력을 갖춘 태조 이성계의 활솜씨에서 우리 민족의 탁월한 능력을 확인할 수 있다. 그리고 어느덧 활솜씨 유전자는 우리 정신과 육체에 그대로 계승이 된 듯하다.

선조들에게 찾을 수 있는 또 하나의 특별한 유전자는 기록물을 편찬하고 이를 철저히 보관한 기록문화 전통이다. 2018년 기준 한

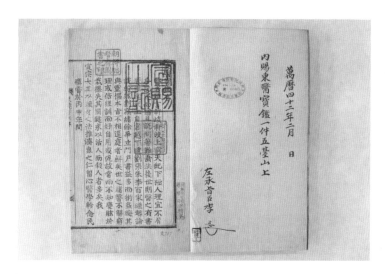

〈동의보감(국보 제319-1호)〉, 국립중앙도서관 소장본

국은 유네스코 지정 세계기록유산을 총 16건 보유하고 있는데, 이것은 아시아 1위이며 세계 4위의 수준이다. 세계기록유산 대부분은 조선시대에 생산되었다. 《훈민정음》을 비롯해 《조선왕조실록》, 《승정원일기》, 《조선왕조의궤》, 《동의보감》, 《일성록》, 《난중일기》, 《유교 책판》, 조선통신사 관련 기록물, 왕실의 어보와 어책 등 총 10건이나 된다.

이러한 기록물은 정치에서의 공개성과 투명성을 유도함으로써 왕부터 모범적으로 정치행위를 할 수 있게 유도했다. 조선왕조가 500년 이상 장수할 수 있었던 요인으로 기록문화의 전통을 꼽는

〈조선왕조실록 오대산사고본(국보 제151-3호)〉, 국립고궁박물관

우리나라는 유네스코 지정 세계기록유산을 총 13건 보유하고 있는데 아시아 1위, 세계 4위 수준이다.

까닭이기도 하다. 《조선왕조실록》과 《승정원일기》와 왕실 행사를 기록과 그림으로 정리한 의궤는 건국 초부터 작성하기 시작해 왕조 멸망 때까지 단절됨이 없이 쓴 기록이라는 점에서 더욱 의미가 있다. 왕조 내내 선대에 마련한 기록문화의 전통을 그대로 계승했음을 잘 보여주고 있는 것이다.

《조선왕조실록》은 공식적으로는 1대 태조로부터 25대 철종에 이르는 472년(1392~1863)간의 기록을 말한다. 편년체로 서술한 조선왕조의 공식 국가기록으로서, 조선시대의 정치·외교·경제·군사·법률·사상·생활 등 각 방면의 역사적 사실을 망라하고 있다. 《고종실록》과 《순종실록》까지 편찬된 점을 고려하면 조선의 27대 왕의 행적 모두가 실록으로 정리되고 보관되었음을 알 수 있다.

《조선왕조실록》은 왕의 사후에 전왕의 실록의 편찬되는 방식을 취하였다. 왕이 사망하면 임시로 실록청을 설치하고, 실록청에는 영의정 이하 정부의 주요 관리들이 영사頒事·감사監事·수찬관·편수관·기사관 등의 직책을 맡아 실록 편찬을 공정하게 집행하였다. 실록청에서는 사관들이 작성한 사초史草와 시정기時政記 등을 광범위하게 수집하여 실록의 편찬에 착수하였다.

조선시대 대부분의 책은 편찬이 완료되면 왕에게 바쳤지만《조선왕조실록》은 예외였다. 편찬의 완성만을 총재관이 왕에게 보고한 후 춘추관에서 봉안 의식을 가진 후 춘추관과 지방의 사고에 보관하였다. 왕의 열람을 허용하면, 실록 편찬의 임무를 담당한 사관의 독립성이 보장을 받지 못하고 사실史實이 왜곡될 것을 우려했기 때문이었다. 실록을 기록하는 임무를 맡은 사람을 사관史官이라 칭하였다. 사관은 왕이 주재하는 회의에 참여하여 보고들은 내용과 자신의 논평까지를 그대로 기록하였는데 이를 사초라 하였다. 사초는 사관들이 일차로 작성한 초초初草와 이를 다시 교정하고 정리한 중초中草, 실록에 최종적으로 수록하는 정초正草의 세 단계 작업을 거쳐 실록에 실었다.

초초와 중초의 사초는 물에 씻어 그 내용을 모두 없앴으며, 물에 씻은 종이는 재활용되었다. 이러한 작업을 세초洗草라 하였으며, 조선시대에 사초를 주로 세척하던 장소가 세검정 일대의 개천이었다. 말린 종이는 조지서에서 새로운 종이로 재활용되었다. 사초는 사관 이외에는 왕조차도 마음대로 볼 수 없게 하여 사관의 신분을 보장하는 한편 자료의 공정성과 객관성에 만전을 기하였다. 세종도 《태종실록》을 열람하려 했지만 사관들의 반대로 뜻을 이루지 못하였다. 실록의 편찬에는 사초 이외에 시정기 기록이 적극 활용되었다. 시정기는 서울과 지방의 각 관청에서 시행한 업무들을 정리한 것으로 《관상감일기》, 《비정부등록》, 《승정원일기》 등이 이에 해당한다. 시정기의 기록이 실록 편찬에 활용됨으로써 실록의 내용은 보다 풍부해질 수 있었다.

편찬이 완료된 실록은 춘추관에서 실록을 봉안하는 의식을 치룬 후에 서울의 춘추관과 지방의 사고史庫에 각 1부씩을 보관하였다. 조선전기에는 춘추관을 비롯하여 충주·전주·성주 등 지방의 중심지에 보관하였다. 그러나 지방의 중심지는 화재와 약탈 등 분실의 위험이 제기되었으며, 실제 중종 대에는 관리인들이 비둘기를 잡으려다 성주사고가 화재를 당한 적도 있다. 급기야 임진왜란을 겪으면서 전주사고의 실록을 제외한 모든 실록이 소실되면서, 조선후기에는 실록이 모두 산으로 가게 되었다. 당대인들이 관리하고 보존하기에는 훨씬 힘이 들지만 후대에까지 길이 자료를 보존하기 위해 험준한 산지만을 골라 실록을 보관하는 사고를 설치했다. 서울의 춘추관사고를 비롯하여 강화도의 마니산사고, 평안도 영변의 묘향산사고, 경상도 봉화의 태백산사고, 강원도 평창의 오대산사고가 그것이다.

  묘향산사고는 후에 후금(뒤의 청나라)의 침입을 대비하여 적상산
성이라는 천연의 요새로 둘러싸인 전라도 무주의 적상산사고로 이
전했으며, 강화의 마니산사고의 실록은 다시 정족산사고로 옮겼
다. 조선후기 지방의 4사고는 정족산, 적상산, 태백산, 오대산으로
확정되었고 이 체제는 조선이 멸망할 때까지 그대로 지속되었다.
사고에는 정기적으로 사관을 파견하여 포쇄曝曬(실록을 햇볕과 바람에
말림)를 하게 하였고, 실록을 점검하거나 포쇄한 경우에는 장서점
검기록부에 해당하는 실록형지안을 작성하여 실록의 관리에 만전
을 기하였다. 오늘날 우리가 세계기록유산《조선왕조실록》을 거의
온전한 형태로 접할 수 있는 까닭은 선조들이 기록물 편찬에 만전
을 기하고 이를 철저하게 보관해왔기 때문이다.

2016.08.30

책거리와 문자도 들여다보기

조선시대에는 책그림을 우리말로 '책거리'라 불렀다. 책거리에는 책은 물론 각종 문방구와 도자기, 과일 등도 함께 그려 넣었다. 조선후기 책거리는 왕실뿐만 아니라 민간에까지 널리 확산됐는데, 이것은 책거리가 민화 형태로 많이 나타나는 것에서도 확인할 수 있다. 이는 그만큼 책에 대한 관심이 사회 전반에 퍼졌다는 걸 의미한다.

책과 함께 서가의 모습을 담은 '책가도册架圖'도 유행했는데, 정조는 왕의 자리 뒤에 일월오봉도 병풍을 두는 대신에 책가도 병풍을 세우기도 했다. 책가도는 본디 정조가 학문으로서 왕권을 강화하기 위해 장려했던 그림이었지만, 양반사회에서는 고급 수집 취미로, 민가에서는 배움의 열망과 출세를 상징하는 그림으로 발전해나갔다.

| 그림과 글이 어우러진 다양한 문자도, 국립중앙박물관

　김홍도의《포의풍류도》나 정선의《독서여가》같은 그림에서도 책을 생활화했던 당시 지식인의 모습을 엿볼 수가 있다. 문자도는 '수壽·복福·강녕康寧·부귀富貴·다남多男' 등 보편적인 바람이나 '효·제·충·신·예·의·염·치' 등의 유교적인 덕목을 의미하는 문자 및 잉어, 부채, 새우, 새 등 고사故事를 상징하는 동물이나 사물을 함께 그린 그림을 지칭한다. 문자도는 백성들을 교화하고 어린이들을 교육하고자 하는 목적을 지녔던 것으로 풀이된다.

　문자와 책으로 그림을 그린 문자도와 책거리는 한국 문화의 독자성이 잘 나타난다. 보기에도 매우 독특한 문자도와 책거리는 오

김홍도, 〈자리짜기(보물 제527호)〉, 조선시대, 28×23.9㎝, 종이에 채색, 국립중앙박물관

| 김홍도, 〈포의풍류도〉, 조선시대, 종이에 채색, 37×27.9cm, 개인소장

래전부터 외국에서는 그 예술성을 높이 평가받았지만 정작 우리들
은 많이 잊고 있었다. 문자도는 유교적인 덕목을 전파하고 행복을
기원하는 의미로, 책가도는 왕권 강화를 위한 수단으로 시작됐지
만, 배움을 향한 열망은 조선후기 책거리 그림이 집집마다 내걸린
것으로 표현됐다. 독서 열기와 이를 그림으로 표현한 책거리 문화
의 유행은 지식의 확산에도 크게 기여했다.

조선후기 책과 지식문화 보급의 중심에 있었던 인물은 정조였
다. 정조는 즉위 직후 창덕궁에 학문 연구이자 도서 수집 기관인

장승업, 〈기명절지도〉, 조선시대, 비단에 엷은 채색, 38.8×233cm, 국립중앙박물관

규장각을 건립했다. 그리고 재위 기간 동안 왕이 직접 편찬을 주관한 어정서御定書 2,400여 권과 이덕무, 박제가 등 규장각 검서관 출신 학자들이 왕명으로 편찬한 명찬서命撰書 1,500여 권을 합해 총 153종 3,900여 권에 달하는 방대한 책을 출판했다. 왕이 책을 가까이하고 보급에 적극 나서자 이러한 문화가 신하는 물론이고 일반 백성에게까지 확산되었던 것이다.

김홍도의 풍속화 〈자리짜기〉에는 베를 짜는 부모의 뒤로 책을 읽는 아이의 모습이 보이고, 조선후기를 대표하는 고전소설《흥부전》에는 흥부가 탄 박 속에서《논어》를 비롯해《사략》,《동몽선습》,《맹자》등의 책이 나오기도 한다. 책을 통해 공부하여 신분을 상승하고자 하는 서민들의 욕망이 나타난 것이다.

    문자도와 책거리 그림을 통해 왕부터 서민에 이르기까지 책을
늘 곁에 했던 우리 선조들의 전통을 확인하고 그 저력을 느껴보면
어떨까 싶다.

세계를 일주한 민영환의 기행문

1896년 러시아에서는 '마지막 황제' 니콜라이 2세의 황제 즉위식이 있었다. 청나라와 일본으로부터 압박을 받고 있던 조선 정부는 제3의 카드 러시아에 주목했다. 러시아와의 긴밀한 외교 관계를 맺어 열강의 침략에서 벗어날 수 있는 돌파구를 찾으려 했다. 러시아에 대한 조선의 우호적인 입장을 보일 수 있는 절호의 기회로 판단한 고종은 민영환閔泳煥(1861~1905)을 특명 전권대사로 임명하고 김득련, 윤치호를 수행원으로 하는 사절단을 구성했다.

왕명을 받고 인천항을 출발한 민영환 일행은 태평양을 건너 미국을 거쳐 다시 대서양까지 횡단한 후에 유럽을 거쳐 힘겹게 목적지 모스크바에 도착했다. 여행의 피로 속에서도 일행은 견문한 여정을 기록으로 남겼고, 이 기록들은 지금에도 전해온다.《부아기정赴俄記程》,《환구일록環璆日錄》,《환구음초環璆唫艸》등이 바로 이때의 기행문과 자료집이다.《부아기정》은 '아라사俄羅斯(러시아)에 다다른 기록',《환구일록》은 '지구를 돈 여행 기록'이란 뜻이며,《환구음초》는 '지구를 돌면서 읊은 시'라는 뜻이다.

민영환이 저술한《해천추범海天秋帆》의 '해천海天'은 태평양·대서양을 항행한 것에서 '추범秋帆'은 귀국하던 당시 가을이어서 붙여진 제목이었다.《해천추범》의 서두에는 임명 조칙이 실려 있으며, 이어 사행 기간 동안 활동한 사항들을 날짜순으로 기록하고 있다.《해천추범》을 통해 120년 전 각고의 어려움을 헤치며 러시아에 도착했던 민영환 일행의 눈에 비친 세계와 러시아의 모습을 살펴보기로 한다.

민영환 일행은 1896년 4월 1일 국서와 친서, 신임장 등을 가지고 돈의문을 출발하여 제물포항에서 배를 탔다. 상해를 거쳐 4월 17일 동경을 출발한 민영환 일행은 4월 29일 캐나다 밴쿠버항에 도착했다. 13일간에 걸친 태평양 횡단이었다. 캐나다에서는 육로를 통해 몬트리올로 들어갔고 바로 뉴욕으로 향했다. 5월 9일 뉴욕을 떠나 이번에는 대서양으로 향했다. 5월 16일에는 영국의 리버풀 항구에 도착하였고, 5월 17일 네덜란드를 거쳐 독일의 수도 베를린으로 들어갔다. 5월 18일 러시아의 경계가 시작되는 알렉산드로프에 도착했고, 폴란드의 바르샤바를 거쳐 5월 20일 모스크바에 도착하였다. 5월 22일부터 러시아에서의 공식 일정이 시작되었다.

대례복으로 갈아입은 일행은 각국의 외교 사절을 만나면서 분

해외 기행에 대한 느낌을
서술하여 책으로 남긴 민영환

주하게 움직였다. 청나라의 이홍장
과 일본의 아리토모와 같은 정치 실
세들도 만났다. 5월 26일 드디어 태
평양과 대서양을 건너온 목적이었던
러시아 황제의 대관식이 열렸다. 그
러나 민영환 일행은 정작 이 대관식
을 먼발치에서 지켜보아야만 했다.
황제의 대관식은 크렘린 궁의 예배
당에서 열렸는데, 예배당에는 관모
를 벗지 않으면 들어갈 수 없었기 때
문이다. 조선, 청나라, 터키, 페르시아의 사신이 관을 벗지 않았다
는 이유로 들어갈 수 없었다. 일행은 그대로 남아 누각 위에서 대
관식을 지켜보았다. 두 달여의 항해 끝에 목적지에 도착했지만 정
작 대관식에 입장할 수 없었던 그들의 심정이 어떠했을까?

공식 일정이 끝난 뒤 민영환 일행은 8월 25일까지 3개월 이상을
러시아에 머물면서 각지를 방문하였다. 국립역사박물관인 박물원,
황실극장에서의 발레 관람, 동물원, 전기영화관, 지폐를 만드는 곳,
조선창造船廠 등 그야말로 놀라운 신문물을 직접 접했다.

체류 기간과 기행 지역이 많았던 만큼 당시의 세계 기후와 풍습
에 대한 묘사도 풍부하다. 무성영화를 처음 본 감상과 북유럽의 백
야현상을 본 경험, 블라디보스토크 등에 이주한 한인들에 대한 서

술도 빼놓지 않고 있다. 귀국 코스는 동쪽으로 향하는 것이었다. 서쪽으로 왔다가 동쪽으로 돌아가니 진정한 세계일주가 되었다.

멀고도 험한 시베리아를 거쳐, 9월 14일에는 바이칼호에 도착하였다. 9월 24일에 흑룡강 지역에 이르렀고, 10월 10일에는 블라디보스토크 역에 도착하였다. 10월 16일경부터 멀리서 조선 땅이 보이기 시작하였다. 10월 20일 마침내 인천항에 도착하였다. 7개월 동안 11개국을 거쳤고, 6만 8,365리를 넘나든 기나긴 여정이었다.

비록 왕명을 받아 러시아 황제 대관식에 참여한 공무公務 성격의 여행이었지만, 민영환 일행의 러시아 기행은 세계일주의 성격을 띠고 있다. 자세하게 정리된 그날의 기록에는 세계로 한 걸음씩 다가서려 했던 한말 조선 지식인의 모습이 잘 담겨져 있다.

2014.11

5

풍류가 넘치는
일상생활사

선비의 육아일기

가정의 달에 떠오르는 기록물이 있다. '아이를 기른 기록'이란 뜻의
《양아록養兒錄》이다. 저자는 16세기의 학자 이문건李文健(1494~1567).
흥미로운 것은 아들에 대한 기록이 아니라, 손자의 양육 일기라는
점이다.

이문건은 중종 대에 과거에 합격했으나, 명종 즉위 후 외척정치
가 시작되고 경상도 성주로 유배를 가게 되었다. 가정도 불운하여
아이들 대부분이 천연두 등으로 일찍 사망하였다. 유일하게 장성
한 둘째 아들 온熅도 어릴 때 앓은 열병의 후유증으로 정상적인 생
활을 하지 못했다.

이문건은 모자란 아들을 교육시키기 위해 무척이나 애를 썼지
만 아들은 아버지의 기대에 전혀 미치지 못했다. 유배라는 불운에
다 자식 복도 없던 시절, 이문건에게 희망이 찾아 왔다. 1551년 1

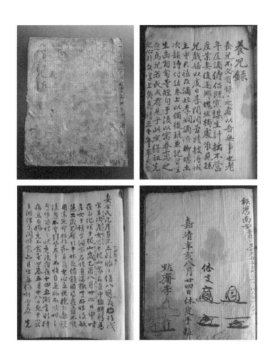

이문건, 〈양아록(서울시유형문화재 제373호)〉, 조선시대,
종이에 먹, 개인소장

월 5일 아들 온이 손자를 낳은 것이다. 58세에 접한 2대 독자인 손
자. 이문건의 모든 관심은 손자인 수봉에게로 향했다.

아이가 차츰 일어서고, 이가 나고 걷기 시작하는 모습 모두가 신
기했다. 이문건은 손자가 자라나는 상황을 기록으로 남기기 시작
했다. 《양아록》에는 "아이를 기르는 일을 꼭 기록할 것은 없지만 기
록하는 것은 할 일이 없어서이다. 노년에 귀양살이를 하니 벗할 동

료가 적고 생계를 꾀하려고 해도 졸렬해서 생업을 경영할 수 없으며 아내는 다시 고향으로 돌아갔다. 그래서 고독하게 거치하는데 오직 손자 아이 노는 것을 보는 것으로 시간을 보냈다. …앉으려고 하는 것, 이가 나는 것, 엎드리는 것에 관한 짧은 글을 뒤에 기록하여 애지중지 귀여워하는 마음을 담았다. 아이가 장성하여 이것을 보게 되면 아마 글로나마 할아버지의 마음을 알게 될 것이다"고 하여 책을 저술한 동기를 밝히고 있다.

《양아록》을 보면 손자는 여섯 달 무렵 혼자 앉을 수 있게 되었고, 일곱 달이 되자 아래에 이가 생겨 젖꼭지를 물었다. 9개월이 지나자 윗니가 생겼고, 11개월 때 처음 일어서는 모습에 대해서는 "두 손으로 다른 물건을 잡고 양발로 쪼그리고 앉았다. 한 달을 이렇게 하더니 점점 스스로 오금을 펴고 일어났다"고 기록하였다. 이 무렵 손자가 할아버지가 글을 읽는 모습을 보고 흉내를 내자, 이문건은 "손자 아이가 커 가는 것을 보니 내가 늙어가는 것을 잊어버린다"고 하면서 큰 기쁨을 표시하였다.

6세의 손자에게 찾아든 천연두는 이문건을 긴장시켰다. 아들과 딸을 천연두로 잃었기 때문이다. "열이 불덩이 같고 종기는 잔뜩 곪았는데, 몸 전체가 모두 그러하였다. 눕혀놓아도 고통스러워하고 안아도 역시 아파했다. 아프다고 호소를 해도 구할 방법이 없다"는 기록에는 당시 별다른 치료법이 없던 천연두에 대해 망연자실하는 모습이 나타나 있다. 다행히 손자가 천연두를 이겨내자 이문건은 7세의 손자를 안채에서 사랑채로 옮기게 하고 본격적으로 공부를 가르치기 시작했다. 그런데 공부를 가르치면서 할아버지와 손자의 갈등이 커졌다. 기대만큼 손자가 명석하지가 못했고, 공부를 게을리 했기 때문이다. 처음에는 충고를 하던 이문건은 매를 대기 시작했다. 그러나 매를 대는 이문건의 마음도 편치 않았던지, "손자가 한참을 우는데 나도 울고 싶을 뿐이다"고 기록하였다.

손자가 13세부터 술을 입에 대면서 갈등은 더욱 커졌다. 손자가 만취해서 돌아오던 날 이문건은 가족이 모두 손자를 때리게 했다. 누이와 할머니가 열 대씩 때리게 했고 자신은 스무 대도 넘게 매를 때렸다. 손자가 14세 되던 새해 첫 날, 이문건은 "늙은이가 아들 없이 손자를 의지하는데 아이가 지나치게 술을 탐하여 번번이 심하게 토하면서 뉘우칠 줄을 모른다. 운수가 사납고 운명이 박하니 그 한을 어떻게 감당할까"라며 손자의 음주벽을 한탄하였다.

《양아록》의 마지막 '노옹조노탄老翁躁怒嘆'에서 이문건은 손자에게 자주 매를 대는 자신에 대해 "늙은이의 포악함은 진실로 경계해야 할 듯하다"고 반성을 하면서도 "할아버지와 손자 모두 실망하여 남은 것이 없으니 이 늙은이가 죽은 후에나 그칠 것이다. 아, 눈물이 흐른다"면서 손자에 대한 야속함과 함께 늙어가는 슬픔을 표현하였다.

600년 전의 선비 이문건이 쓴 《양아록》은 현존하는 거의 유일한 할아버지의 양육 일기로서, 곳곳에서 조선시대 생활사의 모습을

| 김홍도, 〈전 김홍도 필 평안감사향연도〉, 조선시대, 종이에 채색, 71.2×196.9cm, 국립중앙박물관

대동강에서 평안감사가 베푼 잔치의 모습이다. 평양에서 열린 잔치의 화려함과 더불어 아이를 데리고 구경나온 아버지, 어머니의 모습을 통해 조선시대 육아상을 살펴볼 수 있다.

226

〈전 김홍도 필 평안감사향연도〉 부분 확대도

읽을 수가 있다. 할아버지의 손자에 대한 애정과 엄한 교육 방법, 여종의 아이 젖 주기, 유아 사망의 최대 주범이었던 천연두, 단오의 그네놀이, 지금 보다 현저히 낮은 아이들의 음주 문화 등은《양아록》이 단순한 양육 일기가 아니라, 조선시대 역사 사료로서의 가치까지 지니고 있음을 보여준다. 어린이날, 어버이날, 스승의 날, 성년의 날이 연속되는 가정의 달 5월에 조선시대 할아버지가 쓴 양육 일기《양아록》을 접해보는 것도 의미가 있을 것 같다.

2013.05.06

넉넉한 인정 설날 풍속

우리 민족의 최대 명절인 설에는 설과 관련한 많은 풍속들이 행해진다. 다양한 설날 풍속은 우리 선조들에게도 예외는 아니었다. 19세기 학자 홍석모洪錫謨가 조선시대 세시풍속을 정리한《동국세시기東國歲時記》에는 설날 풍속에 관한 자세한 내용이 나온다.

궁궐에서는 왕에게 새해의 문안을 드리는 조하朝賀 의식이 있었다. 삼정승이 문무백관을 거느리고 새해를 축하하는 글과 옷감을 바친 후에 정전正殿의 뜰에서 새해 인사를 올렸다. 일반 백성들은 제물을 사당에 베풀고 제사를 지내는 정조正朝 차례 행사를 진행했으며, 남녀 아이들은 모두 새옷으로 갈아입었는데 이를 '설빔'이라 했다. 차례가 끝나면 집안 어른들과 동네의 연장자를 찾아 새해 첫 인사를 드리는 '세배'를 했으며, 세배 때 음식인 '세찬歲饌'과 술인 '세주歲酒'를 받았다.

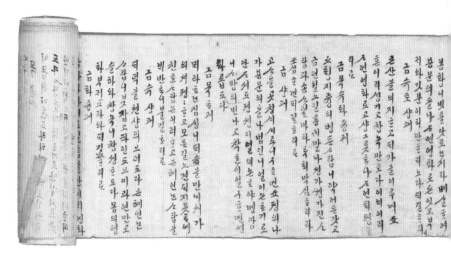

〈한글 오행점〉, 조선시대, 종이에 먹, 28.7×297 cm, 국립중앙박물관

　설날 하면 가장 먼저 떠오르는 음식인 떡국에 대해서는 "멥쌀가루를 쪄서 떡판에 놓고 나무자루가 달린 떡메로 무수히 찧은 다음 손으로 둥글게 하여 기다랗게 늘여 만든 것을 가래떡이라 한다. 이것을 얄팍하게 돈 같이 썰어 장국에다 넣고 쇠고기나 꿩고기를 넣고 끓인 다음 후추가루를 친 것을 탕병湯餠(떡국)이라 한다"고 했다. 또한 "세속에 나이 먹는 것을 떡국을 몇 그릇 먹었느냐고 한다"라는 걸로 당시에도 떡국을 먹어야 한 살이 먹는다고 생각한 것을 알 수 있다.

　윷점과 오행점을 쳐서 한 해의 운수를 보았고, 둥근 나무를 굴려 관직에 먼저 진출하는 것을 승부하는 승경도 놀이는 새해에 주로 하는 놀이였다. 친척이나 지인들을 만나면 '과거에 합격하시오', '승진하시오', '아들을 낳으시오', '재물을 많이 모으시오' 하는 덕담을 주고받았다. 도화서에서는 장수를 상징하는 신과 선녀 등의 그림을 그려 왕에게도 올리고 서로 선물도 했는데, 이를 '세화歲畵'라했다. 세화는 오늘날의 연하장과 비슷한 기능을 했다.

16세기 학자 유희춘이 쓴 일기인 《미암일기眉巖日記》를 통해서도 설날의 모습을 접할 수가 있다. 1568년 1월 1일에는 "흐리고 눈이 왔다. 새벽에 여러 사람이 와서 세배를 했다. 날이 밝기 전에 관대를 갖추고 부사 곽군과 더불어 망궐례望闕禮를 행하였는데, 나는 동편에 서고 곽은 서편에 서서 12배를 하고 산호山呼(천세를 부름)를 하고 나왔다"고 기록하고 있다. 1571년 1월 1일에는 "닭이 울자마자 대소의 사람들이 와서 세배를 했는데 모두 기록할 수가 없다. 박해 朴海가 소다리 한 개와 떡을 보냈다"고 하여 많은 사람들이 세배를 하고 선물을 주고받던 모습을 엿볼 수 있다. '윤홍중이 신력新曆 1건 을 보내왔다'는 기록에서는 새해를 맞아 달력을 받았던 상황도 알 수 있다.

1571년과 1576년의 1월 1일에는 직접 쓴 시를 일기에 기록하 고 있는데 지난해에 대한 감회, 새해의 다짐, 포부 등이 담겨 있다. 새해에 신년 목표를 세우는 것은 현재의 상황과도 닮아 있다. 설의 어원에는 '낯설다'라는 의미가 있는데, 설날은 모든 사람들에게 낯 선 한 해에 대한 새로운 설렘을 안겨다준다. 새로운 희망과 기대를 더 크게 가져보는 한 해를 맞이했으면 한다.

2017.01.17

선조들의 여름나기 지혜

　열대야가 계속되면 무더위를 피하기 위해 에어컨, 선풍기, 냉장고 등 각종 기계를 동원하지만 더위는 쉽게 피해갈 수 없다. 요즘처럼 각종 기기를 활용할 수 없었던 전통시대에 우리 선조들은 어떻게 무더위를 피해 갔을까.

　정조 때의 학자인 홍석모가 지은《동국세시기》에는 가장 덥다는 삼복三伏 풍속이 소개돼 있다. 먼저 오늘날의 보신탕에 해당하는 개장에 관한 내용이 주목을 끈다. "개를 잡아 통째로 삶아 파를 넣고 푹 끓인 것을 개장狗醬이라 한다. 닭이나 죽순을 넣으면 더욱 좋다. 개장에 고춧가루를 넣고 밥을 말아서 시절 음식으로 먹는다"고 기록했다. 이어서 "복날에 개장을 먹고 땀을 흘리면 더위를 잊게 하고, 질병을 쫓을 수 있으며 보신이 된다고 한다. 그러므로 시장에서도 개장을 만들어 많이 팔고 있다"고 하여 당시 시장에서도 개장이

정선, 〈부채에 그린 산수화〉, 조선시대, 19.6×47.5㎝, 종이에 엷은 채색, 국립중앙박물관

에어컨이나 선풍기가 없던 시절 부채는 더위를 피하게 해주는 일등공신이었다. 특히 부채는 여덟 가지 복이 있다 하여 '팔덕선'이라 불렀다.

널리 판매되었음을 알 수 있다. 또 "오늘날에도 개장을 삼복 중에서 가장 좋은 음식으로 친다"고 하여 조선후기 복날의 최고 음식은 오늘날의 삼계탕을 제치고 개장이었음을 기록하고 있다.

삼복에는 "붉은 팥으로 죽을 쑤어 무더운 복중에 먹는다. 이것은 악귀를 쫓으려는 데서 나온 것이다"고 한 기록에서는 악귀를 쫓기 위해 붉은 팥죽을 많이 먹었음을 알 수 있다. 요즘에도 팥빙수가 유행이니 팥은 한여름 더위와 잘 어울리는 음식으로 볼 수 있다. "나무로 만든 패를 각 관청에 미리 주어 그것을 가지고 얼음창고에 가서 받아가도록 했다"는 기록에서는 얼음을 직급에 따라 할

당해준 상황을 엿볼 수 있다.

무더위를 날리는 여름철 음식도 소개돼 있다. 밀가루로 국수를 만들어 풋나물과 닭고기를 넣어 어저귀국(아욱국)에다 말아 먹었으며, 또 미역국에 닭고기와 국수를 넣고 물을 약간 넣어 익혀 먹기도 했다. 호박과 돼지고기에다 흰떡을 썰어 넣어 볶기도 하고 혹은 마른 복어 머리를 함께 넣고 볶아서 먹기도 했으며, 밀가루에다 호박을 잘게 썰어 넣고 반죽해 기름을 발라 전을 부쳐서 먹었다. 오늘날에는 비가 오는 날에 주로 먹는 부침개가 한여름의 별식이기도 했던 것이다.

참외와 수박은 조선후기 더위를 잠시나마 잊게 하는 대표적인 과일이었고, 더위를 쫓는 또 하나의 방법은 산과 계곡을 찾는 것이었다. 삼청동과 탕춘대(현재의 세검정 주변), 정릉의 계곡에는 사람이 많이 모여들었다. 남산과 북악산의 맑은 계곡을 찾아서 발을 씻고 목욕을 하며 하루를 유람하는 것도 무더위를 이기는 방법이었다.

지금의 선풍기나 에어컨의 대체품인 부채는 더위를 피하게 하는 일등 공신이었다. 특히 부채에는 여덟 가지 덕이 있다고 하여 '팔덕선八德扇'이라고 불렀다. 이유원이 쓴《임하필기》에는 팔덕선의 이야기가 나온다. 팔덕은 바람 맑은 덕, 습기를 제거하는 덕, 깔고 자는 덕, 값이 싼 덕, 짜기 쉬운 덕, 비를 피하는 덕, 햇볕을 가리는 덕, 독을 덮는 덕 등 8가지로 부채의 좋은 점을 지적한 것인데 매우 해학적이다.

무더위의 공세와 그 대처법은 전통시대부터 지금까지 일관되는 내용이 많다. 전통시대 선조들의 피서법을 따라가면서 무더위를 식혀 보기를 바란다.

2016.08.02

역사와 함께하는 제주여행

한라산, 성산일출봉, 거문오름 용암동굴계가 2007년 유네스코 세계유산으로 지정될 만큼 제주도가 지닌 자연환경에 대한 가치는 이미 널리 알려져 있다. 최근에는 제주도를 두루 돌아볼 수 있는 올레길까지 만들어지고, 중문관광단지 등에는 세계적인 휴양시설이 들어서 많은 내외국인이 제주도를 찾는다. 그런데 제주도의 다양한 유적지에 대한 관심은 그리 크지 않아 보인다.

먼저 제주에는 독특한 건국 신화가 있다. 《고려사》에 실린 삼성신화에 따르면, "탐라에는 태초에 사람이 없었는데 3명의 신인神人이 한라산 북녘 기슭의 모흥혈(삼성혈)에서 솟아났다. 첫째를 양을나良乙那, 둘째를 고을나高乙那, 셋째를 부을나夫乙那라고 했다"고 서술하고 있다. 제주시에 있는 삼성혈이 바로 이곳으로, 제주의 3대 성씨인 '고', '양', '부'가 여기에서 비롯됐다고 한다.

고려시대 대표적인 유적지는 삼별초의 마지막 항쟁지인 항파두리성이다. 이곳은 강화도에서 진도로 거점을 옮긴 삼별초가 1271년 다시 제주도로 거처를 옮겨 몽골에 맞서 항쟁한 곳으로, 삼별초가 쌓은 외성과 내성의 흔적 일부가 남아 있다. 조선시대 제주는 말의 특산지로 부각되면서 경제적으로 중요하게 인식됐고, 한양과 가장 멀리 떨어져 있는 섬이었기에 중죄인들의 유배지가 됐다.

1623년 인조반정으로 폐위당한 광해군은 1637년에 제주도로 유배지를 옮겼고, 1641년 67세로 생을 마감했다. 제주시에는 광해군 유배를 알려주는 표지석이 남아 있다. 중종 때 기묘사화로 유배된 김정, 광해군 때 영창대군의 처형을 반대하다가 대정현에 유배된 정온, 숙종 때 장희빈의 아들 경종의 원자 책봉을 반대하다 유배된 송시열과 중종 때 제주목사였던 송인수, 인조 때 어사로 제주에 파견된 김상헌 등 5명의 인물은 제주도를 대표하는 오현五賢이 돼 이들을 모시는 오현단五賢壇이 조성돼 있다. '오현고등학교' 등 '오현'이 제주도에서 많이 사용되는 것은 이런 연유 때문이다.

추사 김정희도 유배로 제주도와 인연을 맺었다. 1840년 대정현에 유배된 김정희는 유배 초기에 포교 송계순의 집에 머물다가 몇 년 후에 강도순의 집으로 옮겼는데, 김정희는 이곳에서 제주 지방 유생들에게 학문과 서예를 가르쳤다. 대표작 〈세한도〉는 스승이 유배된 후에도 의리를 지키며, 책을 보내준 제자 이상적에게 고마움을 표하기 위해 보내준 그림이다.

작자미상, 〈송시열 초상(국보 제239호)〉, 조선시대, 비단에 채색, 188×79㎝, 국립중앙박물관

숙종 때 경종의 원자 책봉을 반대하다 제주로 유배된 송시열은 중종 때 제주목사 송인
수, 인조 때 제주로 파견된 어사 김상헌 등과 함께 제주를 대표하는 5인의 인물로 '오
현'이라 불린다.

김정희, 〈조선회화 김정희 필 세한도(국보 제180호)〉 기록물, 일제강점, 유리, 12×16.4cm
(원본 69.2×27.2cm), 국립중앙박물관

2010년 추사 유배지에 추사관이 건립됐는데, 〈세한도〉에 그려
진 집 모양으로 전시관을 만든 것이 주목된다. 이외에도 산방산 아
래 용머리 해안을 가면 1653년 스페르베르호를 타고 제주에 표류
해 온 하멜 일행의 행적을 보여주는 하멜기념관이 재현된 배 속에
조성돼 있다.

'아는 것만큼 보인다'는 말처럼 제주의 역사에 관심을 갖고 제주
를 찾으면 관광 자원 이외에 더 많은 것을 얻을 수 있다. 제주 여행
에서 푸른 바다와 한라산의 상쾌함에 더해 제주를 거쳐 간 역사 속
인물을 만나보기를 바란다.

2017.12.21

제주도 하멜상선전시관, 한국관광공사

바둑 고수 첩자에게 속은
백제 개로왕

여름이면 나무 그늘에 앉아 바둑을 두던 선조들의 모습이 그리워진다. 바둑을 '신선놀음'이라 한 것도 그 재미에 푹 빠지면 도낏자루 썩는 줄도 모르고 온갖 세상사를 잊을 수 있기 때문일 것이다. 그런데 최근 바둑계에 절대강자가 등장했다. 구글의 인공지능AI '알파고'가 그 장본인이다. 인간 세상의 바둑계를 마구 흔들어 놓고는 더 이상 바둑을 두지 않고 잠정 은퇴를 선언한 알파고. 2016년 한국의 이세돌 9단이 알파고에게 거둔 1승이 한동안 깨지지 않는 신기록으로 남을 공산도 크다 한다.

현재에도 많은 사람이 관심을 가지는 바둑에 대해서 역사 속에서도 많은 이야기가 있다. 백제의 개로왕은 바둑이 빌미가 돼 결국은 최후를 맞이했다. 5세기 중반 백제와 치열하게 대립하고 있던 고구려는 첩자 도림을 백제에 보냈다. 도림은 바둑의 달인으로, 개

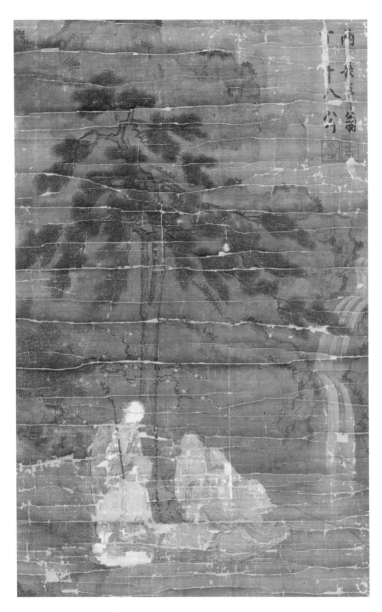

〈나무 아래에서 바둑두기〉, 조선시대, 섬유 마, 79×27㎝, 국립중앙박물관

로왕이 바둑에 심취한 것을 알고 개로왕과 여러 차례 대국을 했다. 도림의 바둑 실력을 인정한 개로왕은 '국수'國手라며 그를 늦게 만난 것을 후회하기까지 했다. 개로왕의 신임을 얻은 도림은 화려한 궁궐과 성곽을 지을 것을 건의했고, 이것은 국가재정의 고갈과 인심의 이반을 초래했다. 다시 고구려로 돌아온 도림의 보고를 받은 장수왕은 백제를 공격해 개로왕을 전사시켰다. 지나치게 바둑을 좋아했다가 큰 화를 당한 것이다.

《삼국유사》에는 통일신라시대 효성왕이 왕이 되기 전에 신충이라는 인물과 잣나무 밑에서 바둑을 두고 그를 잊지 않겠다고 다짐했는데, 이를 잊고 있다가 왕이 된 후 잣나무가 시든 것을 보고 신충을 불러 벼슬을 내렸다는 이야기가 전한다. 《조선왕조실록》에는 바둑을 '박혁'博奕, '기碁' 등으로 표기하고 있는데, 세조는 수시로 신하들이 바둑 경기를 하게 하고 상을 내렸음이 나타난다.

이순신 장군도 바둑을 즐겼음이 《난중일기》에 나와 있다. 1593년 3월 12일 "식사 후에 우수사(이억기)가 임시로 묵는 방에서 바둑을 두었다"는 기록이 있으며, 1594년 4월 20일에는 "우수사와 충청수사, 장흥부사 마량첨사가 와서 바둑을 두고 군사 일을 의논했다"고 기록해 바둑이 전략을 짜는 중요한 수단으로 활용됐음을 알 수가 있다.

조선후기에는 정운창이라는 인물이 바둑을 잘 두었다는 것이 이서구가 쓴 《기객소전棋客小傳》에 전한다. 보성 사람 정운창은 당시

김홍도, 〈바둑두기〉, 조선시대, 비단에 엷은 채색, 58.8×41.5㎝, 국립중앙박물관

바둑 실력자였던 갑신정변의
주역 김옥균

국수國手인 김종기를 꺾고 최고의 자리에 올랐다.

근대의 인물 중에는 개화파의 핵심으로 1884년 갑신정변을 주도한 김옥균이 바둑 고수였다. 갑신정변 실패 후 일본으로 망명한 김옥균은 타국에서의 불안함과 허전함을 바둑으로 달랬다. 김옥균이 일본 바둑의 일인자 혼인보本因坊 슈에이秀榮와 바둑으로 두터운 교분을 나누었는데, 슈에이는 김옥균이 2년간 오가사하라 섬에서 유배생활을 하던 중에도 찾아와 3개월간 침식을 같이하기도 했다. 1995년에는 김옥균이 망명지에서 애용하던 바둑판이 고국으로 돌아와 세간의 이목을 집중시키기도 했다.

역사 속에 등장하는 바둑 고수들의 행적을 떠올리면서 시원한 나무 그늘 아래서 바둑 한 수를 두는 여유를 즐겨보는 것은 어떨지?

2017.06.14

기근과 추위 극복의 일등공신

차가운 바람이 부는 겨울 따뜻한 아랫목에서 가족과 함께 먹던 고구마와 감자는 겨울이면 더욱 생각나는 식품이다. 고구마와 감자를 먹다 까맣게 변한 손으로 코를 어루만지며 가족들과 겨울밤 이야기를 나누던 기억도 있을 것이다.

이제는 간식으로 주로 먹지만 고구마와 감자는 조선후기 일본과 청나라에서 도입돼 기근에 시달리던 사람들의 생존을 책임졌던 고마운 식품이었다. 고구마는 17세기 중엽부터 통신사나 조선에 표류한 왜인 등을 통해 그 존재가 점차 알려졌는데, 1763년(영조 39) 일본에 통신사로 다녀온 조엄이 고구마 종자를 들여와 동래와 제주도에서 시험재배에 성공하면서 제주도와 남해안 지역에서 경작되기 시작했다.

《정조실록》1794년 12월 25일에는 호남 위유사慰諭使로 나간 서

신속 편저, 〈구황촬요〉 목판본, 조선시대, 종이, 25.5×18.7cm, 국립한글박물관

구황촬요는 흉작에 대비한 갖가지 대응책을 모아둔 책이다.

영보가 고구마에 대해 정조에게 보고한 내용이 자세히 실려 있다.

"조금 심어도 수확이 많고, 농사에 지장을 주지 않으며, 가뭄이
나 황충에도 재해를 입지 않고, 달고 맛있기가 오곡과 같으며, 힘을
들이는 만큼 보람이 있으므로 풍년이든 흉년이든 간에 이롭다"고
한 후 "이 곡물은 우리나라가 종자를 얻은 것도 일본에서였으니,
이것의 성질이 남방의 따뜻한 지역에 알맞다는 것을 알 수 있습니
다"라고 기록해 고구마가 주로 남쪽 지방에서 잘 자랐음을 언급하

고 있다. 또한 "국가로서는 마땅히 백성들에게 주어 심기를 권장하고 풍속을 이루게끔 해서 온 나라 사람들이 모두 좋은 혜택을 받기를 문익점이 가져온 목화씨처럼 해야 할 것입니다"라고 하여 고구마 보급을 고려 말 문익점이 목화씨를 보급한 것처럼 해야 한다고 주장한 내용이 주목을 끈다.

박제가의 《북학의北學議》에는 고구마가 뚝섬, 한강의 밤섬 등지에까지 경작됐음을 기록한 내용도 보인다. 고구마의 전래와 더불어 그것에 관련된 서적들도 많이 나왔다. 1766년(영조 42) 강필리가 저술한 《감저보甘藷譜》는 고구마 전문서적으로는 최초이며, 1813년에는 김장순과 선종한이 《겹저신보甘藷新譜》를 지었다. 1834년 서유구는 《종저보種藷譜》에서 일본과 중국의 서적까지 참조해 고구마 재배법을 소개했다.

먹거리 쪽에서 고구마의 최대 라이벌이라 할 수 있는 감자는 북저北藷 또는 토감저土甘藷라 불렀다. 감자의 유입에 대해서는 북방유입설과 남방전래설이 있다. 19세기 학자 이규경이 쓴 《오주연문장전산고》에 의하면 감자는 1824년경 국경인 두만강을 넘어 들어왔다고 한다. 인삼을 캐려고 국경을 넘어온 청나라 사람들이 밭이랑 사이에 감자를 남겨 놓고 갔다는 것이다. 김창한의 《원저보》에는 영국 선교사에 의해 감자가 전래됐음을 제시하고 있다. 1832년 영국 상선이 전라북도 해안에서 약 1개월간 머물렀는데, 그때 선교사가 감자를 나누어주고 재배법도 가르쳐 주었다는 것이다.

감자는 고구마보다 더 전국으로 퍼지게 됐고, 특히 원주, 철원 등 강원도 지역에서는 흉년에 기아를 면하는 작물로 각광을 받았다. 고구마와 감자는 조선후기에 도입된 외래작물이지만 당시 기아 극복에 중요한 역할을 했고, 지금도 우리의 식탁을 풍요롭게 하고 있다. 추운 겨울, 고구마, 감자와의 따끈한 추억을 만들어 보시기를.

2017.12.07

살인 코끼리에 벌을 내려주소서

2016년 3월 3일 중국이 보낸 귀한 선물이 한국에 도착했다. 2014년 한·중 정상회담 합의에 따라 한국에 다시 들여오기로 한 판다 한 쌍이 온 것이다. 판다 한 쌍은 대한항공 특별기로 중국 청두 국제공항을 출발해 인천공항에 도착했다. 당시 두 살이던 암컷 이름은 '아이바오', 세 살의 수컷 이름은 '러바오'로 사랑스러운 보물과 기쁨을 주는 보물이라는 뜻을 갖고 있다.

1994년에도 1992년의 한·중 수교를 기념하는 판다 한 쌍이 우리나라에 온 적이 있지만, 외환위기 극복을 위한 재정 긴축에 동참하기 위해 4년 만에 돌려보낸 일이 있었는데 22년 만에 판다가 다시 한국 땅을 밟은 것이다.

우호의 상징으로 동물을 선물하는 것은 전통시대에도 자주 있었지만 오히려 외국에서 보낸 선물 때문에 고민거리가 되는 경우

조선왕조실록 태종 21권 11년 2월에, 일
본국왕이 보낸 코끼리에 관한 내용이
적혀 있다. 사진 왼쪽에서 다섯 번째 줄.

도 있었다.

조선 태종 때인 1411년 2월 일본 국왕이 코끼리를 선물로 보냈
고, 태종은 이것을 사복시司僕寺(조선시대 말 목축 등을 관장하는 관청)에
서 기르게 했다. 그런데 코끼리가 날마다 콩 4~5말씩 소비하면서
조정의 큰 골칫거리가 됐다. 참고로 1말은 18kg 정도다. 큰 사고도
쳤다. 코끼리를 구경하러 나왔던 관리를 밟아 죽인 것이다.

결국 태종은 "일본에서 바친 코끼리는 이미 왕이 좋아하는 물건
도 아니요 나라에 이익도 없습니다. 두 사람이 다쳤는데, 만약 법
으로 논한다면 사람을 죽인 것은 죽이는 것으로 마땅합니다. 또 일

년에 먹이는 콩이 거의 수백 석에 이르니, 주공周公(주나라 정치가)이 코뿔소와 코끼리를 몰아낸 고사를 본받아 전라도의 해도海島에 두소서"라는 신하들의 건의를 받아들여 전라도 섬에 보내기로 결정했다.

그러나 순천부 장도獐島라는 섬에 사실상 유배를 간 코끼리는 다시 육지로 돌아왔다. "코끼리를 순천부 장도에 방목하는데, 수초水草를 먹지 않아 날로 수척해지고 사람을 보면 눈물을 흘립니다"라는 전라도 관찰사의 보고를 수용했기 때문이다. 일본에서 선물로 보내와 조선에 처음 들어온 코끼리는 실록에 기록될 정도로 관심 대상이었으나 천덕꾸러기 신세를 면치 못했다.

일본에서 보낸 동물 중 기록에 자주 등장하는 것은 원숭이였다. 태종 때는 일본에서 너무 많은 원숭이를 보내서 사복시에서 기르게 하다가 각 진鎭에 나눠 주었으며, 세종 때에는 원숭이를 바치고 '대장경'과 백견白犬, 백학白鶴을 요청한 기록도 나온다.

기본적으로 원숭이는 조선에서 선호하는 동물이 아니었지만 일본의 성의를 보아서 선물을 받아들이는 쪽으로 갔다. 조선시대에 동물 선물을 두고 많은 논란이 벌어졌던 주요 원인은 오늘날의 동물원처럼 이들을 키울 마땅한 공간이 없었던 것이다. 그럼에도 불구하고 동물을 받은 것은 '이웃 나라의 성의를 받아들이지 않는다면 교린交隣하는 도에 크게 어긋나고 먼데 사람을 포용하는 도량에도 어긋난다'는 명분 때문이었다.

〈안하이갑도〉, 고려대박물관

조선 왕들 중에는 동물을 좋아한 왕이 많았다. 성종은 궁에
서 앵무새, 백조, 공작, 노루 등 많은 동물을 키운 것으로 알
려져 있다. 한번은 궁에서 키우던 원숭이가 추위를 타자 옷
을 만들어 입히자 했고, 신하들은 추운 백성 한명에게 옷을
주는 게 낫다며 설전을 펼쳤다.

동물 선물을 외교문제로 인식한 것은 과거나 현재와 동일했던 것이다. 친선과 협력의 상징으로 한국에 온 판다의 모습을 통해 한중 관계의 흐름을 진단해 보는 것도 흥미로울 것 같다.

2016.03.15

화폐 인물과 그림에 담긴 뜻

2016년 미국에서 그동안 사용됐던 20달러짜리 화폐의 주인공을 바꾼다는 발표가 있었다. 앤드루 잭슨Andrew Jackson 대통령 대신에 여성으로서 흑인의 인권운동에 앞장섰던 해리엇 터브먼Harriet Tubman을 새로운 모델로 한다는 것이다. 민주주의가 앞선 미국에서 이제까지 여성이 화폐의 주인공으로 한 번도 등장하지 않았던 사실이 놀랍다. 우리나라도 상당한 진통이 있었지만 2009년부터 유통된 오만 원권 지폐의 주인공을 여성인 신사임당으로 하지 않았던가.

우리 화폐를 꼼꼼히 살펴보면 인물과 함께 관련이 있는 업적이나 유적지가 함께 도안이 돼 있다. 우리 화폐에는 100원 권 동전의 이순신 장군을 비롯해 지폐에는 이황, 이이, 세종, 신사임당까지 모두 조선시대의 인물이 그려져 있다. 신사임당과 이이는 모자가 나란히 지폐의 주인공이 되는 영광을 안았다. 외국의 경우에도 화폐에 그려진 인물 대부분은 그 나라를 상징하는 인물로서 정치가, 예술가, 전쟁 영웅 등을 망라하고 있다.

동전이나 지폐의 배경 그림에도 관심을 가져보자. 동전의 경우 앞면은 액면가가 표시돼 있고 10원짜리에는 다보탑, 50원짜리에는 벼이삭, 100원짜리에는 이순신, 500원짜리에는 학을 그려 넣었다. 지폐에는 그 인물과 함께 업적 및 연관되는 장소가 그려져 있다. 천 원권의 앞면에는 이황의 초상과 함께 성균관 명륜당 건물과 함께 매화가 그려져 있다. 이황이 가장 사랑한 꽃이 매화이고, 성균관 대사성(오늘날의 총장)을 지낸 경력을 반영한 것이다. 뒷면에는 정선이 도산서원을 그린 〈계상정거도溪上靜居圖〉가 그려져 있다. 오천 원권 앞면에는 이이가 태어난 곳인 강릉의 오죽헌이 검은 대나무와 함께 그려져 있다. 뒷면에는 어머니 신사임당의 《초충도》가 그려져 있는데, 아마 오만 원권의 주인공이 신사임당이 될 것을 예상했다면 다른 도안을 그렸을 것이다.

만 원권 앞면에는 세종의 초상과 함께 왕을 상징하는 일월오봉도 병풍, 그리고 세종의 왼쪽에는 '불휘기픈 남간'으로 시작하는 용비어천가 2장이 세로로 새겨져 있다. 세종이 훈민정음을 창제한 업적을 표현한 것이다. 뒷면에는 '혼천의'와 '천상열차분야지도' 등 세종 시대 과학적 성과들이 그려져 있다. 오만 원권 지폐 앞면에는 신사임당의 초상화와 함께 그녀가 먹으로 그린 포도 그림과 초충도 중에서 가지 그림을 넣었다. 뒷면에는 신사임당과 동시대를 살

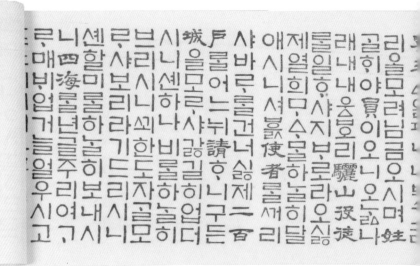

용비어천가 인출본, 광복이후, 종이, 31.5×295.8cm, 국립민속박물관

왔던 어몽룡의 매화 그림과 이정의 대나무 그림이 보인다.

이처럼 지폐에는 인물의 초상화와 더불어 인물과 관계된 작품이나 연고지를 새겨 넣었다. 우리나라나 외국을 막론하고 새로운 화폐가 만들어지는 경우 그 주인공을 누구로 할 것인가에 대한 논란을 치열하게 전개돼 왔다. 우리의 경우에도 오만 원권 주인공을 둘러싸고 김구, 광개토대왕 등 여러 후보가 거론됐으며, 여성으로 하자는 합의가 이루어진 다음에는 신사임당, 유관순, 김만덕, 선덕여왕 등이 경합을 벌였다.

유럽연합EU의 공동 화폐인 유로화의 경우 어느 나라의 특정 인물을 주인공으로 내세우는 대신 시대별로 유럽을 대표하는 건축물을 지폐의 도안으로 삼기도 했다. 시대의 변화나 사회적 합의에 따라 화폐의 주인공이 바뀔 가능성은 여전히 상존한다. 미래에는 어떤 인물과 장소가 화폐의 주인공이 될지가 궁금하다.

2016.05.10

토정비결에 투영된
이지함의 기억

한 해를 맞이하는 새해가 되면 누구나 운세에 대해 관심을 갖는다. 점을 보러 가는 사람도 늘어나고, 요즈음에는 인터넷을 통해 운세를 보기도 한다. 이 중 대한민국을 대표하는 운세서가《토정비결》이다. 토정비결은 태세太歲, 월건月建, 일진日辰, 즉, 연年, 월月, 일日을 숫자로 따져 한 해의 신수身數를 보는 데 사용했는데,《주역》의 음양설에 근거하고 있다.

주역의 사주 가운데 시時를 뺀 연, 월, 일을 사용하기 때문에 보다 간단하다. 주역의 기본 괘는 64개로 토정비결의 48괘와 차이가 있다. '토정土亭'이 이지함(1517~1578)의 호이고, '비결秘訣'이 예언서란 뜻을 지니고 있어, 대부분《토정비결》은 이지함이 저술한 운세서로 알고 있다. 그러나 실제로는 이지함의 저술이 아니라, 그의 이름을 가탁假託(빌려서 씀)한 책일 가능성이 크다.

조선후기 숙종 때 이지함의 문집인《토정유고》를 간행할 때《토정비결》이 빠져 있고, 조선후기에 세시풍속을 정리한 책인 홍석모의《동국세시기》나 유득공의《경도잡지京都雜誌》등에 오행점五行占이나 윷점이 가록된 반면,《토정비결》에 대한 언급이 전혀 없는 것은 이런 점을 뒷받침한다.《토정비결》이 유행했다면 당시 세시풍속에 관한 책에 반드시 소개됐을 것이다. 이런 까닭으로 보면《토정비결》은 빨라야 19세기 후반 이후 유행했을 것으로 보고 있다.

그럼 왜《토정비결》에는 그보다 300년 전을 살아간 학자 이지함의 이름을 넣은 것일까. 이에 대한 답은 이지함의 행적에서 찾아볼 수 있다. 이지함은 한산 이씨 명문가의 후손이었지만, 과거를 포기하고 일생의 대부분을 유랑생활로 보내면서 백성들의 삶의 문제 해결을 위해 노력했다. 국부國富 증대와 민생 안정을 위해 농업 이외에 수공업, 어업, 염업과 같은 산업 개발을 추진했으며, 노숙인 재활원에 해당하는 걸인청乞人廳을 설치하기도 했다. 상인·노비·서얼 등 신분이 천한 사람까지 문인으로 받았으며, 가난한 사람과 어울리며 고민을 들어주고 해결책을 제시해주었다.

"점술이나 관상비기觀象秘記에 능했다"는 기록에서 보듯, 앞날을 예견하는 능력은 그에 대한 신뢰를 더 크게 했을 것이다. 이지함에 대한 기억과 명성은 후대까지 이어졌고, 이후 비결류의 책을 저작하면서, 그 명성을 활용한《토정비결》로 나타났다. 이처럼《토정비결》에는 백성들의 앞날을 걱정하고, 구체적으로 그 고민을 해결해

주었던 이지함의 애민愛民 정신이 고스란히 반영되어 있다.

토정비결은 열두 달의 운수를 시구詩句로 적어 놓았는데, 항목마다 길흉이 적절한 비율로 나와 절망에 빠진 사람에게는 그것을 극복하면 희망이 옴을, 희망적인 사람들에게는 그것을 달성하도록 유도하는 힘이 있다. 토정비결은 한 해의 운수를 점치는 책에서 나아가 많은 사람에게 새로운 활력을 불어넣기 위한 책이기도 한 것이다. 백성들의 어려움을 해결하기 위해 분투했던 이지함의 모습은 토정비결로 인해 더욱 깊이 각인되고 있다.

2018.01.18

백제의 숨결을 간직한
공주와 부여

따뜻한 햇살이 야외로 갈 것을 유혹하는 5월은 말 그대로 계절의
여왕이다. 푸르른 신록과 화창한 날씨는 물론이고, 많은 휴일이 꼬
리를 물고 있어서 정말 여행하기에 좋다. 문화체육관광부와 한국
관광공사는 2017년 4월 29일부터 5월 14일까지를 봄 여행주간으
로 정하고, 여행주간 슬로건을 '여행은 탁TAK! 떠나는 거야'로 정했
다. 별다른 계획 없이도 언제든지 떠날 수 있다 해서 '탁'이라는 의
성어로 경쾌하게 표현했는데, '탁TAK'은 대한민국을 여행한다는 뜻
의 영어 문구인 '트래블 어라운드 코리아Travel Around Korea'의 앞글자를
의미하기도 한다.

필자도 여행주간 행사의 하나에 포함된 '역사와 문화가 흐르는
테마여행 10선'이라는 주제로 백제의 향기가 서린 고도 공주와 부
여를 참가자들과 함께 다녀왔다. 기원전 18년 현재의 서울에 도읍

지를 정한 백제는 475년 고구려의 남하 정책에 밀려 웅진(현 공주)으로 천도했고, 538년에는 중흥을 꾀하기 위해 사비(현 부여)로 다시 도읍을 옮겼다. 역설적이게도 두 번의 천도는 공주와 부여를 백제의 문화를 간직하고 이를 현재적으로 활용하는 도시로 자리를 잡게 했다.

웅진 시대를 대표하는 왕은 6세기의 무령왕이다. 1971년 무령왕릉 발굴은 한국 고고학 발굴의 최대 성과 중 하나로 손꼽힌다. 장맛비에 대비해 공주 송산리 고분군 배수로 공사를 하다가 우연

부여정림사지오층석탑(국보 제9호), 문화재청

히 발견한 무덤. 의욕은 컸지만 경험 미숙으로 졸속적인 발굴을 하면서 원형의 유적·유물이 훼손된 아쉬움이 많았다. 그러나 주인공임을 알려주는 지석誌石이 발견된 유일한 무덤이라는 점과 이곳에서 발견된 왕과 왕비의 금제관식과 귀고리, 왕비의 금목걸이, 베개 등은 많은 이의 찬탄을 불러 일으켰다. 필자는 초등학교 시절 당시의 발견을 기념해서 제작한 우표를 지금도 간직하고 있다.

공산성은 웅진 천도 이후 5대 64년간 공주를 수호한 성으로, 현재는 금서루 앞에서 수문병 교대식 등의 행사가 재현되고 있다. 북

〈백제금동대향로(국보 제287호)〉, 삼국시대, 금속, 높이 61.8㎝, 국립부여박물관

으로 흐르는 금강을 조망하면서 공산성을 한 바퀴 둘러보며 진남루 앞의 궁궐터 등을 찾아보는 것도 좋다. 사비 시대를 대표하는 왕 성왕聖王은 국호를 남부여라 하며 백제의 중흥을 꾀했지만, 신라 진흥왕의 배신으로 죽음을 맞이한 비운의 왕이기도 하다. 부여에는 성왕의 동상이 자리하고 있다. 부여의 진산인 부소산을 둘러싼 부소산성, 왕궁터로 추정되는 관북리 유적, 최초의 인공 연못인 궁남지, 백제의 영광과 멸망을 묵묵히 지켜본 정림사지 오층석탑, 백제의 마지막을 상징하는 공간 낙화암 등 많은 유적이 있다. 1993년 능산리 절터에서 발견된 후 현재 부여국립박물관에 소장돼 있는 백제금동대향로 역시 놓쳐서는 안 될 유물이다.

참가자들과 함께 공주와 부여를 답사하면서 백제의 역사와 문화를 흠뻑 접해 보았다. 특히 이번 여행을 통해 2015년 유네스코 세계유산으로 지정된 백제역사유적지구의 가치를 현장에서 확인할 수 있었다.

2017.05.03

6

조선의 정책을
엿보다

세종 때도 국민투표 있었다

국회위원 선거는 4년마다 이뤄진다. 현대 민주사회와 전통시대를 구분하는 지표 중 대표적인 것이 국민이 표를 통해 대통령이나 국회의원을 뽑는 것일 정도로 투표의 중요성은 크다. 그런데 지금과 같은 방식은 아니지만, 588년 전인 1430년(세종 12년)에 세종이 국민투표를 통해 정책을 결정한 사례가 있었음은 무척이나 주목할 만한 역사적 경험이다.

왕이 모든 것을 결정한다고 생각하는 조선시대에 세종이 전 백성을 대상으로 하는 국민투표를 실시했다. 토지에 대해 세금을 부과하는 새로운 세법인 '공법貢法'을 추진하면서 세종은 최종적으로 백성들의 찬반 의견을 묻고자 했다. 투표 3년 전인 1427년 세종은 창덕궁 인정전에 나가 과거시험 문제를 내면서 공법에 대한 견해를 묻는 등 세법을 확정하기 전에 미리 분위기를 조성해갔다. 이 과정에서 세종은 신하와 유생들 의견을 수용했고, 최종적으로 공법 문제는 백성이 결정을 내릴 사안으로 판단했다.

1430년 3월 5일부터 8월 10일까지 무려 5개월간 우리 역사상 최초의 국민투표가 실시됐다. 《세종실록》12년 3월 5일에는 "정부·육조와, 각 관사와, 서울 안의 전함前銜 각 품관과, 각 도의 감사·수령 및 품관으로부터 여염閭閻의 세민細民에 이르기까지 모두 가부可否를 물어 아뢰게 하라"는 투표 관련 기록이 보인다. 호조판서 안순이 "일찍이 공법의 편의 여부를 가지고 경상도의 수령과 백성에게 물어본 즉 좋다는 자가 많고 좋지 않다는 자가 적었사오며, 함길·평안·황해·강원 등 각 도에서는 모두 불가하다고 한 바 있습니다"라고 보고하자, 세종은 "백성이 좋지 않다면 이를 행할 수 없다. 그러나 농작물의 잘되고 못된 것을 직접 조사할 때 각기 제 주장을 고집해 공정성을 잃은 것이 자못 많았고, 또 간사한 아전들이 잔꾀를 써 부유한 자를 편리하게 하고 빈한한 자를 괴롭히고 있어 내가 심히 우려하고 있다. 각 도의 보고가 모두 도착하면 공법의 편의 여부와 폐해를 구제하는 등의 일을 관리로 하여금 깊이 의논해 아뢰도록 하라"고 지시했다.

위 기록에서 세종은 세금을 공평하게 부과하지 않는 잘못을 바로잡겠다는 의지를 천명했음을 볼 수 있는데, 특히 "백성이 좋지 않다면 이를 행할 수 없다"고 천명해 백성의 지지가 없는 정책은 시행할 수 없다는 원칙을 밝히고 있다.

1430년 호조에서는 공법 실시를 둘러싼 투표의 결과를 보고했다. 17만여 명의 백성이 참여해 9만 8,000여 명이 찬성하고 7만 4,000여 명이 반대한 것으로 집계됐다. 찬성이 반대보다 14% 정도 많았다. 찬반 상황은 지역별로《세종실록》에 기록됐는데, 경상도와 전라도는 찬성표가 많은 반면 함경도와 평안도는 반대표가 많았다. 당시 인구를 고려하면 17만여 명의 국민투표 참여는 노비나 여성을 제외하고는 거의 모든 백성을 대상으로 한 것이었다.

　　인터넷이나 전화로 의견을 묻는 것이 불가능했던 시절에 백성 다수가 투표에 참석하게 하고, 이를 실록에 기록으로 남긴 것은 오늘날에도 많은 시사점을 던져주고 있다.

2016.04.12

당쟁의 시대에서 탕평의 시대로

2017년은 새롭게 선출된 대통령이 대한민국을 이끌어나가는 첫 해이다. 정치, 경제, 사회, 문화 등 각 분야에서 해결해야 할 과제들이 산적해 있지만, 현대 정치사에서 늘상 되풀이되었던 반대 정파의 정책에 대해 무조건 부정하는 정치문화 또한 시급히 청산되어야 할 것이다.

조선시대 영조의 탕평책을 주목하는 것은 현재의 정치 환경과도 밀접한 관련이 있기 때문이다. 조선후기 숙종시대는 여러 번의 '환국換局'에서도 볼 수 있듯이 당쟁이 치열한 시대였다. 숙종 사후 왕위 계승 과정에서 당쟁은 절정에 이르러 수많은 정치인들이 희생되었다. 당쟁의 폐단을 경험한 영조는 즉위 후 '탕평'을 국정의 최우선 과제로 내세웠다.

탕평은 유교경전인 《서경書經》의 '무편무당 왕도탕탕無偏無黨 王道

〈박세채 초상(경기도 유형문화재 제163호)〉관복본·유복본 부분, 경기도박물관·문화재청 제공

蕩蕩 무편무당 왕도평평無偏無黨 王道平平'에서 나온 용어였지만, 조선시대에는 큰 주목을 받지 못하였다. 조선중기 이후 붕당정치가 전개되면서 군자와 소인을 엄격히 분별하는 구양수의 붕당론朋黨論에 훨씬 힘이 실렸기 때문이다. 조선후기 숙종대의 학자 박세채朴世采 (1631~1695)에 의해 본격적으로 제기된 탕평론은 영조가 즉위 후 정치 현장에 직접 적용하면서 그 의미가 커졌다.

영조는 "탕평하는 것은 공公이요, 당에 물드는 것은 사私인데, 여러 신하들은 공을 하고자 하는가, 사를 하고자 하는가. 내가 비록 덕이 없으나 폐부肺腑에서 나온 말이니, 만약 구언을 칭탁해 이를 비판하는 무리는 마땅히 변방에 귀양 보내는 법을 쓸 것이다"고 하면서, 탕평을 '공', 붕당을 '사'로 규정하면서 탕평책 실현에 대한 의지를 천명하였다.

탕평책을 효과적으로 실시하기 위해 영조는 당파의 시비를 가리지 않고 어느 당파든 온건하고 합리적인 인물을 등용하였다. 노론, 소론측 강경파인 준로峻老와 준소峻少를 배제하고, 온건파인 완론緩老과 완소緩少를 중용하였다. 홍치중은 노론이었지만 완론의 입장을 지켜 영조의 신임을 받았다. 송인명, 조문명, 조현명 등 탕평파들도 정국의 일선에 진출했다. 1727년(영조 3) 7월 4일 영조는 "당습黨習의 폐단이 어찌하여 이미 뼈가 된 신하에게까지 미치는가? 무변武弁·음관蔭官이 색목色目에 어찌 관계되며 이서吏胥까지도 붕당에 어찌 관계되기에 조정의 진퇴가 이들에게까지 미치는가? …나는 다만 마땅히 인재를 취하여 쓸 것이니, 당습에 관계된 자를 내 앞에 천거하면 내치고 귀양을 보내어 국도國都에 함께 있게 하지 않을 것이다. …왕의 마음은 이러한데 신하가 따르지 않는다면, 이는 나의 신하가 아니다"고까지 하면서 당습의 폐단을 신랄하게 비판하였다.

1742년에는 반수교泮水橋 위에 친필로 쓴 탕평비를 건립하도록 했다. 예비관료 집단인 성균관 유생들이 '탕평'의 이념을 항상 염두에 두어서 향후 탕평정치의 주역이 될 것을 희망해서였다.

현재 성균관 대학교에 있는 탕평비에는 '주이불비 군자지공심周而不比 君子之公心 비이불주 소인지사의比而不周 小人之私意'라는 글귀가 새겨져 있다. '편당을 짓지 않고 두루 화합함은 군자의 공평한 마음이요, 두루 화합하지 아니하고 편당을 지음은 소인의 사심이다'라는 내용에는 군자와 소인의 구분을 탕평의 여부에 두고 있음이 나타난다. 1772년에는 당심黨心을 버려야 한다는 취지로 특별히 만든 과거 시험인 '탕평과蕩平科'를 시행하였으며, '탕평채蕩平菜'라 부르는 '묵청포'는 탕평책을 논의하는 자리에서 처음 올라온 음식으로 알려져 있다.

당쟁의 과정에서 노론의 지원 속에 왕위에 올랐지만 영조는 누구보다 당쟁의 폐해를 뼈저리게 인식하였다. 국정의 기본 방향을 모든 당파가 고르게 정치에 참여하는 탕평정치로 잡은 것도 과거의 과오를 다시는 되풀이하지 않겠다는 의지에서였다. 탕평책 추진으로 안정을 꾀한 영조는 경제개혁과 문화사업에도 힘을 쏟았다. 1750년에는 균역법均役法을 실시하여 군역軍役 부담을 덜어주었으며, 1760년에는 청계천 준천 사업을 완료하였다. 지리지인《여지도서》와 지도인《해동지도》를 비롯하여,《속오례의》《속대전》《속병장도설》등을 간행하여 조선후기 문화중흥의 기반을 마련하였다.

영조 대의 정치, 경제, 문화 사업의 성과에 탕평책이라는 정치적 안정이 자리를 잡고 있었던 점은 현재에도 시사하는 바가 많다.

2017.05.17

영조의 유공자 후손 특채 '충량과'

6월 6일 현충일과 6월 25일 한국전쟁이 일어난 6월은 어느 달보다 많은 사람을 숙연하게 한다.

2010년에는 6월 1일을 '의병義兵의 날'로 지정하기도 했다. 임진 왜란 때의 의병장 곽재우가 최초로 의병을 일으킨 음력 4월 22일 을 양력으로 환산해 '호국보훈의 달' 첫째 날인 6월 1일로 선정한 것이다. 이처럼 6월은 위기의 시기에 국가를 위해 목숨을 바친 분 에게 감사하고, 국방과 안보에 대한 보다 세심한 대비를 다짐하게 한다.

조선시대에도 왜란과 호란이라는 초유의 국가적 위기를 당한 후 전란 당시 희생당한 사람의 현창 작업에 많은 노력을 기울였다. 유공자에 대한 포상 및 이들의 충절을 기리는 사당을 설치했는데 충렬사忠烈祠, 의열사義烈祠, 포충사襃忠祠, 충민사忠愍祠, 현충사顯忠祠로

변박, 〈동래부 순절도(보물 제392호)〉, 1760년, 비단에 채색, 145×96cm, 육군박물관

임진왜란 당시 순절한 부사 송상현과 군민들의 항전을 묘사한 그림으로, 1709년(숙종 35) 처음 그려진 것을 1760(영조 36년) 화가 변박(卞璞)이 보고 다시 그린 그렸다.

〈임진전란도〉

이름이 지어진 사당 대부분은 전란으로 희생당한 인물을 제향하는 곳이었다. 임진왜란에 대한 기억을 환기시키는 차원에서 19세기에는 〈임진전란도壬辰戰亂圖〉를 제작해 보급하게 했다. 그림에서는 근경近景의 다대포진과 원경遠景의 부산진 두 성에서 벌어진 치열한 전투장면을 담고 있다.

영조 대에는 국가에 충절을 지킨 후예들을 특별히 채용한 시험인 충량과忠良科를 실시했다. 나라에 충성을 한 후손에 대한 배려였으며, 이들 제도의 시행을 통해 국가에 충성하는 인력을 계속 발굴해 내려는 뜻도 담겨져 있었다. 1764년(영조 40) 1월 영조는 충신과 의사의 마음을 위로한다는 취지에서 충량과라는 시험제도를 실시했다. 이해 2월 8일에는 직접 충량과 시험 현장에 나아가 응시자를 격려하기도 했다. 왕이 건명문建明門에 나아가 충량과에 직접 참석하고 이어 대사례大射禮를 행하였다.

충량과의 성적을 매겨 김노순·김장행·김이소 등 3인을 뽑았는데, 무과에 합격한 자도 14인이었다. 왕이 말하기를 "선원仙源(김상용)·청음淸陰(김상헌)의 후예는 모두 참방參榜했는데, 유독 삼학사三學士의 후예가 없는 것이 한스럽다"고 했다. 병자호란 때 충절을 지킨 김상용과 김상헌의 후손이 합격한 것을 기뻐하고 이때 심양으로 끌려가 희생을 당했던 삼학사(홍익한, 윤집, 오달제)의 후손이 없음을 안타까워한 것이다. 영조는 이후에도 여러 차례 충량과를 실시해 국가 유공자 자녀를 특채하는 시스템을 자리 잡게 했다.

채용신·조석진, 〈영조어진(보물 제932호)〉, 1900년, 비단에 채색, 110.5×61.8cm,
국립고궁박물관

이 같은 사례처럼 오늘날 국가보훈처에서 주로 담당하는 국가 유공자 포상 사업이 조선시대에도 시행됐다. 희생자를 기억하기 위한 사당의 건립, 기록화를 통한 순절 활동 홍보, 특별 채용 시험을 실시해서 관직에 진출할 수 있게 하는 것 등 다양한 경로로 유공자에 대한 지원을 아끼지 않았다. 당사자뿐만 아니라 가족과 후손에 대한 예우를 지속함으로써 궁극에는 위기의 시기 국가에 충성하는 인물을 배출하게 했다.

6월 호국보훈의 달을 맞이해 역사 속에서 국가를 위해 희생한 인물을 기억하고 그들의 정신을 계승하는 방안을 적극적으로 찾아나가야 할 것이다.

2016.06.07

과거시험과 지역 인재 할당제

2017년 정부에서는 혁신 도시 등 지방에 이전한 공공기관이 인력을 채용할 때는 30%를 해당 시도 학교 출신을 뽑아야 한다는 '지역 인재 채용 목표제'를 본격적으로 시행한다고 발표했다. 수도권에 인력이 집중되는 것을 막기 위해 정부에서는 인재의 지역 할당제를 적극 추진한다는 것이다. 그런데 조선시대 과거시험에서 이미 인재의 지역별 균형 선발을 시행한 역사가 있었다는 점은 주목할 만하다.

조선시대에는 나라에 필요한 관리를 뽑는 과거科擧제도가 정착됐다. 고려 광종 때 중국 출신 귀화인 쌍기의 건의를 받아들여 처음 실시한 과거제도는 조선사회가 관료사회로 자리 잡는 데 큰 역할을 했다. 과거에 합격하면 관직에 진출해 관리 생활을 할 수 있었고, 문반이나 무반이 돼야 양반의 신분을 유지할 수 있었기에 많은 사람이 인생을 걸었다.

과거시험은 크게 소과小科와 대과大科로 나뉘었는데, 소과에는 생원시生員試와 진사시進士試가 있어서 생원시라고도 했다. 생원시는 주로 사서四書와 오경五經 등 유교 경전에 대한 이해를 시험하는 것이었고, 진사시는 문장력을 알아보는 시험이었다. 소과에 합격해 생원이나 진사가 되면 최고 교육기관인 성균관에 입학할 수 있는 자격을 부여받았다.

소설《허생전》속 주인공 '허생원'이나,《최진사댁 셋째 딸》의 '최진사'는 소과에 합격한 사람을 지칭하는 것이다. 성균관에서 수학한 생원이나 진사는 출석점수인 원점圓點 300점 이상이 돼야 대과(문과)에 응시할 수 있게 해 성실성을 관리 선발의 주요 기준으로 보았다.

조선의 헌법인《경국대전》에는 아예 소과와 대과의 초시 합격자의 도별 정원을 규정해 놓았다. 1차 시험에서 생원, 진사 각 700명을 뽑는 소과에서는 한성부(200명), 경기도(60명), 충청도(90명), 전라도(90명), 경상도(100명), 강원도(45명), 평안도(45명), 황해도(35명), 함경도(35명)로 도별 인구수에 의거해 인재를 할당했다.

소과의 최종 합격자 수는 생원, 진사 각 100명으로 이는 철저히 성적순으로 했다. 대과의 경우에도 1차 합격자 정원 240명은 성균관(50명), 한성부(40명), 경기도(20명), 충청도(25명), 전라도(25명), 경상도(30명), 강원도(15명), 평안도(15명), 황해도(10명), 함경도(10명)

등으로 역시 지역 할당제를 실시했다. 문과의 최종 합격자수는 33명이었으니, 1차 합격자 7명 중 1명 정도가 실력에 의해 최종 합격자에 이름을 올릴 수 있었다.

소과와 문과 공히 1차 시험인 초시에서는 지역별로 인재 할당을 하고, 2차 시험인 복시覆試에서는 성적에 의해 인재를 뽑았으니, 과거시험은 지역 균형과 능력을 적절히 조화시킨 제도였음을 알 수 있다. 3차 시험에 해당하는 전시殿試는 왕 앞에서 보는 면접시험이었다. 과거에 합격한 유생은 합격증서를 받았는데, 소과 급제자는 흰 종이에 쓴 백패白牌를, 대과 급제자는 붉은 종이에 쓴 홍패紅牌를 받았다.

조선시대 인재 등용문의 역할을 하던 과거제도는 1894년 갑오개혁을 거치면서 폐지됐지만 지역 인재 할당제의 취지는 오늘날 다시 부활하고 있다.

조선후기의 국왕 정조 역시 지방의 인재들을 적극적으로 등용하여 사회통합을 이루려 했다. 정조가 각 지역의 인재를 두루 선발했던 모습은 《빈흥록賓興錄》을 통해 확인할 수 있다. 《빈흥록》은 정조 때 지역별 과거와 그 시행 경위, 급제자들의 시문 등을 수록한 책이다. 《교남빈흥록》은 경상도 관찰사 이만수로 하여금 이언적을 배향한 옥산서원과 이황을 배향한 도산서원에 제향하게 한 뒤, 그곳에 참석한 유생들을 모아 응제應製하게 한 뒤 합격자를 시상한 기록이다.

옥산서원과 도산서원은 재야 세력의 거점인 영남 남인의 중심지였지만 정조는 특별 시험을 통해 이들 지역의 인재를 등용하였다.《관동빈흥록》은 관동 지방의 유생들을 대상으로 별시를 실시한 내용을,《탐라빈흥록》은 제주지역 유생들을 시험으로 뽑은 내용을 기록하고 있는데, 강원도, 제주도 지역 유생들까지 등용하려 한 정조의 사회 통합 의지가 나타나 있다.

제주도 출신의 거상巨商으로 특별 기부금을 낸 김만덕을 특별히 서울에 불러 왕을 만나게 하고, 금강산 유람까지 시켜주도록 한 것 역시 제주도 지역, 나아가 여성 인재들까지 포용한 조처였다. 만덕이 조선후기 최고의 여성으로 알려진 배경에는 지역과 신분의 차별을 넘은 정조의 통합사상이 자리하고 있었다.

정조는 호남까지 끌어안는 모습을 보였는데, 호남 끌어안기의 상징은 김인후였다. 김인후는 16세기 취약한 호남지역에서 하서학파를 형성할 만큼 명망이 있는 학자였는데, 정조는 김인후를 성균관 문묘에 배향하는 조처를 단행함으로써 호남 선비들의 자존심을 지켜 주었다.

정조가 호남을 배려한 또 다른 사례는 호남의 대표 사찰 해남의 대흥사 경역 내에 표충사를 건립한 것이었다. 표충사는 절에서 흔치 않는 유교 형식 사당으로 임진왜란 때 활약했던 승병장 서산대사 휴정과 사명대사 유정의 화상을 봉안한 곳이다. 정조는 1789년 표충사를 건립하면서, 금물로 쓴 편액을 직접 써서 하사하였다. 호

| 김만덕 묘비(시도기념물 제64호), 문화재청

기부금을 낸 김만덕은 정조의 초청을 받았다. 만덕이 조선후기 최고의 여성이 된 배경
에는 정조의 통합사상이 자리잡고 있다. 사진은 1795년(정조 19) 자신의 전 재산으로
백성을 구휼한 만덕을 기리기 위해 1812년(순조 12년) 마을 사람들이 세운 김만덕 묘비.

남의 상징 인물과 상징 공간에 왕이 최선을 다하는 모습을 보여줌
으로써, 이 지역의 민심 통합에 나선 것이다.

정조는 왕의 행차 기간에 억울한 사항을 꽹과리를 쳐서 호소하
는 격쟁擊錚과 상언上言을 통해 백성과 소통하였고, 지역별 과거 시
험의 실시와《빈흥록》편찬, 김인후의 문묘종사, 만덕에 대한 후대
등을 통해 영남, 호남, 제주 지역의 인재 발굴에 최대한 힘을 기울
였다. 조선시대 과거시험에서 지역별 할당제를 적용하여 인재의

│ 해남 표충사(시도기념물 제19호) 삼화상, 문화재청

임진왜란 때 승병을 일으켜 공을 세운 서산대사와 그의 제자 유정과 처영의 영정.

고른 선발을 꾀한 것이나 정조가 지역 안배에 세심한 배려를 한 점
은, 오늘날에도 시사하는 바가 크다.

2017.10.26

조선시대의 세제 개혁,
대동법과 균역법

어느 시대든 과다한 세금은 민원民怨의 대상이었고, 합리적인 세제 개혁은 늘 시대적 과제로 떠올랐다. 조선시대에도 몇 차례 세제 개혁이 있었다. 그 중에서 가장 개혁적인 것으로 평가받는 것이 대동법大同法과 균역법均役法이다.

대동법의 핵심은 조선시대 지방의 특산물을 호별戶別으로 부담하였던 것을, 토지의 면적을 기준으로 하여 토지 1결 당 쌀 12두를 납부하게 한 것이었다. 특산물을 납부하는 것을 공납貢納이라 하였는데, 관청의 서리胥吏나 장사치들이 중간에 개입하여 필요한 특산품을 미리 사들여 농민에게 비싸게 받아내는 방납防納 혹은 대납代納의 폐단이 컸다.

임진왜란 후 공납제의 폐단은 더욱 커져서 호피虎皮 방석 1개의 대납 가격이 쌀 70여 석이나 면포 200필까지 치솟기도 했다. 그러나 대동법이 시행되면서, 특산물 납부가 쌀로 통일되어 방납의 폐단이 사라지고 세금 징수가 간편하게 되었다. 또한 집집마다 똑같이 부과했던 세금을, 토지를 기준으로 함으로써 땅이 많은 지주地主가 많은 세금을 부담하게 되었다.

'대동大同'이란 모두가 공평한 세상을 뜻하는 말로서, 현물로 바치던 것을 쌀로 바치게 한 제도에 이 명칭을 붙인 것은 그만큼 당시 대동법이 획기적이었음을 보여주고 있다. 대동법을 주관하는 관청을 '선혜청'이라 한 것에도 '널리 백성들에게 은혜를 베풀려는' 국가의 의지가 나타난다.

대동법을 처음 실시한 왕은 광해군이었다. 1608년 왕위에 오른 광해군은 전란 후의 경제 문제를 개혁하는 방안으로 공납 제도의 개혁에 착수하였다. 그 결과 경기도에 시범적으로 대동법을 실시할 수 있었다. 그러나 대동법의 전국 확대 실시는 세금 부담이 늘어난 지주들의 저항, 산간 지역이나 해읍海邑 지역에 적용할 수 있느냐의 문제 등으로 여러 차례 논란에 부닥쳤다.

효종 때에 충청도관찰사 김육은 '안민安民'을 강조하면서 충청도에 대동법을 실시하는 것을 실현시켰고, 이후 대동법은 숙종대인 1677년에 경상도, 1708년 황해도까지 확산되기에 이르렀다. 대동법은 1894년 갑오경장으로 지세地稅로 통합될 때까지 조선후기 내내 존속하였다.

공납의 문제는 대동법의 실시로 어느 정도 해결이 되었으나, 군

작자미상, 김육 초상(대례복), 실학박물관

역의 의무를 복무하는 대신에 백성들이 납부하는 군포軍布는 17세기 이후 백성들에게 가장 큰 세금 부담으로 다가왔다. 1750년(영조 26) 5월 영조는 직접 창경궁의 홍화문 앞에 나갔다. 군역의 부담에 대한 백성들의 현장 목소리를 듣기 위함이었다. 이후 영조는 양인良人들이 부담하는 군역에 관한 규정을 검토하고, 7월에는 양역良役에 관해 유생들의 의견을 들어보는 등 적극적인 여론 조사를 하였다. 영조는 양역의 개선 방향 대한 면밀한 검토를 한 끝에 이해 7월 11일 균역청을 설치하고 본격적으로 균역법을 실시하였다.

균역법의 주요 내용은 1년에 백성들이 부담하는 군포 2필을 12개월에 1필로 납부하는 것이 핵심적인 내용으로서 '반 값 군포'를 실현한 정책이었다. 한 집에 장정이 3~4명이 있을 경우 군포의 값을 돈으로 환산하면 대략 20냥 정도가 되었는데, 당시 1냥의 가치는 현재로 환산하면 4~5만 원 정도로 일반 백성들에게는 결코 만만치 않은 액수였다. 더구나 군역 대상인 16세에서 60세의 장정이 아닌 경우에도 황구첨정黃口簽丁이나, 백골징포白骨徵布라는 명목으로 어린아이나 죽은 사람에게 까지 군포가 징수되었고, 인징隣徵이나 족징族徵이라는 이름으로 이웃이나 친척의 군역도 부담해야 하는 상황도 허다하였다.

균역법의 시행으로 정당하지 않은 방식의 군포 부담을 없애는 한편, 백성의 군포 부담이 반으로 줄게 되었다. 균역법 실시로 국가 재정 수입이 줄어들자 영조는 부족한 재원 마련에도 착수하였다.

우선 양반을 사칭하면서 군포를 내지 않았던 재력가들에게 선무군관選武軍官이라는 명목으로 군포를 내게 하였다. 또한 결작結作이라는 새로운 세금을 신설하여 지주들에게 1결당 쌀 2말이나 5전錢의 돈을 부담하는 토지세를 만들어 땅이 많은 양반 지주들의 부담을 크게 하였고, 왕실의 재원으로 활용하였던 어세, 염세, 선세船稅를 군사 재정으로 충당하여 부족한 국가 재정을 보충하였다. 균역법은 백성들의 부담은 반으로 줄이면서도, 선문군관포나 어세, 염세 등의 다른 재원을 확보하여 국가 재정은 안정성 있게 유지한 세금 정책이었다.

최근에도 기업이나 부자에 대한 증세, 소득세 과표課標 구간의 조정, 부동산 세법 개정, 세금 확보와 복지 정책의 추진 등 세금 정책에 대한 정부의 고민이 적지가 않다. 대동법과 균역법 시행을 둘러싼 역사적 진통은 현재의 세제 개편 논의에도 많은 시사점을 던져줄 수 있을 것이다.

2013.08.26

책 읽는 유급휴가,
조선의 사가독서

　바쁜 일상을 모두 제쳐두고 맑고 청아한 바람이 부는 한적한 곳에서 책을 읽는 모습, 생각만 해도 즐거운 기분이 든다.

　조선시대에는 관리들에게 휴가를 주고 마음껏 책을 읽게 하는 제도가 있었다. 사가독서賜暇讀書제도가 그것이다. '사'는 하사할 사, '가'는 휴가 가이니 왕이 하사하는 휴가기간에 마음껏 독서를 하라는 뜻이다. 사가독서는 세종이 집현전 학자들을 격려하기 위한 아이디어에서 비롯됐다. 집현전은 세종의 지대한 관심 속에 국가의 중요 정책을 연구하게 했던 기관이었다. 세종은 수시로 이곳을 방문해 학자들을 격려했으며, 최고의 특산물이었던 귤을 하사하는 등 최고의 대우를 해주었다.

　그러나 집현전의 학자들에게도 불만은 있었다. 연구기관 특성상 장기 근무를 하면서 승진이 늦어지는 것이었다. 실제 정창손 22

년, 최만리 18년, 박팽년 15년, 신숙주 10년 등 장기 근무하는 학자가 많았다. 이러한 상황을 파악한 세종은 집현전 학자들을 위해 유급휴가제도인 사가독서제를 실시했다. 심신이 지친 학자들에게 독서를 하며 재충전을 하라는 뜻이었다.

사가독서는 1426년(세종 8) 12월 권채, 신석견, 남수문 등을 집에 보내 3개월간 독서를 하면서 재충전을 할 수 있는 시간을 준 것에서 비롯됐다. 처음에는 집으로 보냈다가, 이후에는 북한산의 진관사津寬寺를 사가독서를 하는 장소로 활용했다. 1456년 세조 때 집현전이라는 기관은 없어졌지만 사가독서의 전통은 그대로 이어졌다.

성종 대에 이르면 아예 현재의 용산 지역에 독서당을 만들어 사가독서제를 정착시켰다. 1492년(성종 23) 성종은 용산 한강변에 있던 폐사廢寺를 수리해 독서당을 만들었는데, 남쪽에 있는 독서당이라 하여 남호독서당南湖讀書堂이라 했다. 독서당의 다른 명칭이 '호당湖堂'이었기 때문이다. 중종 때인 1517년(중종 12)에는 두모포의 정자를 고쳐 지어 동호독서당東湖讀書堂이라 했다.

동호독서당은 현재의 옥수동과 금호동의 산자락 일대에 있었던 것으로 추정되는데, 임진왜란이 일어나서 소각될 때까지 75년 동안 연수원과 도서관의 기능을 수행했다.

한강의 다리 중 '동호대교'라는 명칭은 동호독서당에서 유래한 것이며, 율곡 이이의 저술 《동호문답》은 독서당 시절에 쓴 책이다. 신숙주·이황·이산해·이이·정철·유성룡 등 조선을 대표하는 학자 대

작자미상, 〈독서당회계도(보물 제867호)〉, 조선시대, 102×57.5cm,
서울대학교박물관 소장·문화재청 제공

독서당계회도는 독서당을 배경으로 문인들이 친목을 도모하
고 풍류를 즐기기 위한 모임을 그린 그림을 칭한다. 사진은 정
철·이이·유성룡 등이 참석한 계회를 그린 것으로 1570년(선조 3)
경 제작된 것으로 추정된다.

부분이 독서당을 거쳐 갔다. 당시 함께 수학한 학자들은 계契 모임을 만들기도 했는데, 이들이 1부씩 나누어 가진 《독서당계회도讀書堂契會圖》에는 참여자들의 명단과 함께 독서당에서 압구정 쪽으로 뱃놀이하는 장면이 그림으로 남아 있다.

조선시대 관리들에게 심신의 휴양을 위한 휴가지의 기능과 함께 학문과 독서에 몰두할 수 있는 공간이었던 독서당, 지금은 도서관이 그 기능을 일부 수행하고 있다. 특히 많은 도서관들은 '길 위의 인문학' 프로그램을 운영하면서 인문학 특강과 현장답사를 진행하고 있다. 바쁜 일상, 짬을 내 도서관을 찾아 사가독서의 기분을 느끼며 독서의 열기 속으로 빠져 보는 것도 좋을 듯하다.

2016.10.25

임금님의 선물 한강 얼음

극심한 추위가 계속되었던 2017년 1월 26일, 공식적으로 한강이 결빙됐다. 한강의 결빙은 1906년부터 노량진 앞 한강대교 남단에서 둘째와 넷째 교각 상류 100m 부근의 결빙을 기준으로 관측하고 있다. 즉, 이 지점에 얼음이 생겨 물속을 완전히 볼 수 없는 상태를 한강의 결빙이라 판단하는 것이다.

전통 시대에 한강의 결빙을 누구보다 기다리는 사람들이 있었다. 한강에서 얼음을 채취하는 사람들이었다. 조선시대에는 겨울철 한강의 얼음을 떠서 동빙고와 서빙고에 보관했고, 궁궐 내에도 두 곳에 내빙고內氷庫를 설치해 왕실에서 사용하는 얼음을 공급했다. 정조 때에는 얼음 운반의 폐단을 줄이고자 내빙고를 양화진으로 옮겼다. 동빙고는 한강변 두뭇개, 지금의 성동구 옥수동에 있었고, 서빙고는 지금의 서빙고동 둔지산屯智山 기슭에 있었다.

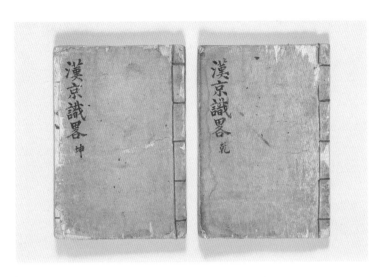

　19세기 서울의 관청, 궁궐 풍속 등을 정리한《한경지략漢京識略》
의 궐외각사闕外各司 조항에는 '빙고氷庫'에 대한 내용을 자세히 기록
하고 있다. "동빙고가 두뭇개에 있다. 제사에 쓰는 얼음을 바친다.
서빙고는 둔지산에 있다. 궁 안에서 쓰이고 백관들에게 나누어 주
기도 할 얼음을 공급한다. 이들 빙고는 개국 초부터 설치돼 얼음
을 보관하고 공급하는 일을 맡았다. 동빙고에 옥호루玉壺樓가 있는
데 경치가 뛰어나다"고 하여 동빙고의 얼음은 주로 제사용으로, 서
빙고 얼음은 관리들에게 공급했음을 알 수 있다. 특히 서빙고의 얼
음은 한여름인 음력 5월 보름부터 7월 보름까지 종친과 고위 관료,

수도권 지하철 3호선 옥수역 근방에 설치된 동빙고 터 비석

퇴직 관리, 활인서의 병자, 의금부의 죄수들에게까지 나눠 줬다.

얼음을 뜨는 것은 한양 안 5부의 백성들에게 부과된 국역國役으로, 이를 장빙역藏氷役이라 했다. 얼음은 네 치 두께(약 12cm)로 언 후에야 뜨기 시작했다. 이에 앞서 난지도 등지에서 갈대를 가져다가 빙고의 사방을 덮고 둘러쳐 냉장 기능을 강화했다. 얼음을 뜰 때에는 칡으로 꼰 새끼줄을 얼음 위에 깔아 놓고 사람이 미끄러지는 것을 방지했다. 얼음을 뜨고 저장하는 일은 쉽지가 않았고 일이 끝나면 포상이 따랐다. 《세종실록》에는 장빙군藏氷裙에게 술 830병, 어물 1,650마리를 하사했다는 기록이 나타나 이들에게 세심한 배려를 했음을 알 수가 있다.

　얼음을 빙고에서 처음 꺼내는 음력 2월 춘분에는 개빙제開氷祭를 열었다. 얼음은 3월 초부터 출하하기 시작해 10월 상강霜降 때 그해의 공급을 마감했다고 한다. 겨울에 얼음이 얼지 않으면 사한단司寒壇에서 추위를 기원하는 기한제祈寒祭를 올렸는데, 영조는 기한제 이후 얼음이 꽁꽁 얼자 제관祭官들에게 상을 내리기도 했다. 나라에서 설치한 빙고가 있었지만, 어물전이나 정육점 같은 곳이나 빙어선氷漁船 등에 활용되는 얼음이 크게 늘어나면서 공급이 부족하게 됐다. 18세기에 이르면 사적으로 얼음을 공급하는 사람들이 나타나게 돼 한강 근처에만 30여 개소의 빙고가 설치될 정도였다. 얼어붙은 한강에서 썰매와 스케이트를 타고, 얼음을 채취하는 모습은 이제 사라졌지만 1970년대까지 얼음이 채취됐음은 빛바랜 흑백 사진의 풍경으로 남아 있다.

2017.02.08

지진은 왕의 부덕의 소치일까

2016년 일본 규슈의 구마모토 일대에서 발생한 연쇄 지진과 지구 반대편 에콰도르에서 일어난 진도 7 이상의 강진은 일본이나 에콰도르뿐만 아니라 전 세계를 큰 충격에 빠뜨렸다. 세계 어느 나라도 지진이나 홍수와 같은 자연재해로부터 자유로울 수 없기 때문이다. 특히 일본은 2011년 대지진과 쓰나미로 한동안 공황 상태에 있다가 또다시 대참사를 당했다.

2017년 우리나라도 포항 지역에서 큰 지진이 일어났다. 최근의 대지진 사태는 최첨단 과학문명으로 무장한 현대사회조차도 자연의 위력 앞에서 인간은 너무나 무기력한 존재임을 증명시키고 있다. 우리가 살고 있는 한반도 지역은 지진의 중심권에 벗어나 있었지만 그렇다고 완전한 안전지대가 아니었음은 기록에서도 발견되고 있다.

창경궁 관천대(보물 제851호), 문화재청

조선시대 서운관은 기상관 천문 관측을 담당했다. 사진은 1688년(숙종 14) 만들어진 것
으로 추정하는 창경궁에 있는 관천대.

《삼국사기》나《고려사》와 같은 역사서에도 지진 관련 기록은 있지만 《조선왕조실록》에는 '지진'이라는 용어가 1,800여건 검색돼 전통시대 우리 역사 속에서도 지진으로 많은 고민을 겪었음이 그대로 나타나고 있다. 전통시대에는 지진이 일어나면 정치 현상으로 연결시키는 경향이 강했다.

《태종실록》에 따르면 1410년(태종 10) 3월 15일 기상관측 등을 관장하던 서운관書雲觀에서 지진이 있었다고 아뢰자 태종은 "이것은 원통한 옥사獄事 때문이니 혹독한 형벌을 가하지 말라"고 한 것이 대표적이다. 조선시대에 지진이 가장 심하게 일어난 것은 16세기 초반 중종 시대로서, 1518년(중종 13) 5월 18일에 한양을 비롯한 전국에 큰 지진이 일어났다. 《중종실록》에 보면 "유시酉時(오후 6시쯤)에 세 차례 크게 지진이 있었다. 그 소리가 마치 성난 우레 소리처럼 커서 인마人馬가 모두 피하고, 담장과 성첩城堞이 무너지고 떨어져서, 도성 안 사람들이 모두 놀라 당황해 어찌할 줄을 모르고, 밤새도록 노숙하며 제 집으로 들어가지 못하니, 노인들이 모두 옛날에는 없던 일이라 하였다. 팔도가 다 마찬가지였다"고 기술되어 있다.

영의정 정광필은 "지진은 전에도 있었지만 오늘처럼 심한 적은 없었습니다"라고 하면서 "이것은 신 등이 재직하여 해야 할 일을 모르기 때문에 이와 같은 것입니다"고 했다. 당시 현장에 있었던 조광조도 그의 문집인 정암집에서 "(1513년) 5월16일에 상이 친히 정사를 보는데 지진이 세 번 일어났다. 전각 지붕이 요동을 쳤다"고 이날의 지진을 기록하고 있다. 왕인 중종 역시 자신이 정치를 잘못한 것이 지진의 원인이 됐는지를 걱정하는 모습을 보였다.

임진왜란 중인 선조 때인 1594년 한양에 지진이 일어나자 선조는 지진의 원인을 부덕의 소치로 생각하고 왕세자인 광해군에게 왕위를 물려줄 뜻을 보이기도 했는데, 지진을 과학적인 기준보다 정치나 도덕적인 기준으로 평가하는 것이 지진에 대한 일반적인 인식이었다.

실록에 지진 기록이 구체적으로 정리된 것은 천문 관측 기관인 서운관(후에 관상감)에서 체계적으로 천문 현상을 관측했기 때문이었다. 실록에는 지진이 발생한 지역과 함께, '집이 흔들렸다', '담장과 성첩이 모두 무너졌다', '산 위의 바위가 무너졌다' 등 지진의 강도를 추론할 수 있는 기록이 다수 남아 있다. 이러한 기록은 지진의 예측이라든가 내진耐震이 무엇보다 중시되는 원자력발전소 등 현대에도 적극 참고해 활용해야 할 것이다.

2016.04.26

조선 왕실의 새해맞이

새해 첫날 조선 왕실에서는 조정 대신과 관리들이 왕에게 올리는
축하 의식인 정조正祖 하례賀禮 의식을 행했다. 요즘으로 치면 신년
하례식과 같다. 정조 하례는 하정례賀正禮, 정단례正旦禮, 조하례朝賀禮
라고도 했다. 영의정 이하 문무백관의 신하들이 한데 모여 새해를
축하하는 문안인사와 함께 이를 글로 담은 전문箋文과 표리表裏(옷감
의 겉과 속)를 올렸다. 지방의 관리도 축하 전문과 함께 지방의 특산
물을 올렸다. 왕은 신하에게 회례연會禮宴을 베풀어 음식과 어주御酒,
꽃 등을 하사하면서 지난해의 노고를 치하하고 새해를 축하했다.

　1418년 8월 조선의 네 번째 왕으로 즉위해 1419년 1월 1일 왕
으로서는 첫 새해를 맞은 세종의 하례식 모습은《세종실록》에 잘
기록돼 있다. "왕은 면복冕服 차림으로 여러 신하를 거느리고 멀리
황제에게 정조 하례를 드린 다음, 원유관遠遊冠을 쓰고 강사포絳紗袍

를 입고, 인정전에서 여러 신하의 하례를 받았다. 승도僧徒, 회회回回, 왜인倭人까지도 예식에 참례했다. 각 도는 모두 토산물을 빠짐없이 올렸다. 왕은 면복을 입고 여러 신하를 거느리고, 상왕 전하께 나아가 하례를 거행하고, 의복과 안장 갖춘 말을 올리고, 또 대비에게 안팎 의복을 올렸다"고 하여 먼저 명나라 황제에게 정조 하례를 한 후 창덕궁 인정전에서 신하들의 하례를 받았음이 나타난다. 하례식에는 아라비아와 왜인까지 참석했음도 보이는데 '사대교린事大交隣' 외교정책이 구체적으로 적용된 모습이다. 하례를 받은 후에는 여러 신하와 함께 당시 상왕으로 있던 부친 태종과 어머니인 대비 원경왕후에게 새해 인사를 올리고 옷감과 말 등을 선물했다.

왕실이나 민간의 새해 풍속이 구체적으로 기록돼 있는 홍석모의《동국세시기》에도 새해의 모습을 담고 있는 내용이 많다. 왕의 비서실인 승정원에서는 미리 선정한 시종신侍從臣(왕을 가까이서 모시는 신하)과 당하堂下의 문관으로 하여금 연상시延祥詩라는 신년의 시를 지어 올리게 했다. 당선된 시는 궁궐 전각 기둥이나 문설주에 붙여 많은 사람이 보면서 새해를 함께 축하하게 했다.

도화서에서는 화원들이 수성壽星(인간의 장수를 맡고 있다는 신) 및 선녀와 직일신장直日神將(하루의 날을 담당한 신)의 그림을 그려 왕에게 올리거나 서로 선물했는데, 이를 '세화歲畵'라 했다. 각 관청의 아전과 하인과 군영軍營의 장교와 나졸들은 종이를 접어서 이름을 쓴 명함인 '세함歲銜'을 관원이나 선생의 집을 찾아 올렸다. 또 붉은 도

포와 검은 사모를 쓴 화상을 그려서 궁궐의 대문에 붙이기도 하고, 역기와 악귀를 잡는 상像을 그려서 문에 붙이기도 했다.

신하와 백성들의 축하를 받으며 설레는 마음으로 새해를 시작하는 모습은 600년 전 세종 또한 현재의 우리와 비슷했을 것이다. 새해의 다짐을 찬란한 성과로 실천했던 세종을 떠올리며 한 해를 시작하는 것도 의미가 있을 것 같다.

2018.01.04

역사 속에서 우리가 된
귀화인들

2016년 미국 출신 프로농구 선수 리카르도 라틀리프가 한국 국적을 취득하면서 이름도 '라건아_{羅健兒}'로 했다는 소식이 전해졌다. 법무부 국적심의위원회에서는 라틀리프를 체육분야 우수 인재로 선정해 한국 국적을 부여했고, 라건아는 바로 대한민국 남자농구 국가대표팀의 일원이 됐다. 1990년대 러시아 출신으로 골키퍼로 큰 활약을 했던 발레리 사리체프는 한국 국적을 취득한 후, 잘 막는다는 뜻이 내포된 '신의손'으로 이름을 바꾸었고, 본관을 구리로 해 구리 신씨의 시조가 됐다. 라티노프 데니스라는 성남 구단 축구 선수는 '이성남'으로 개명했고, 대만 국적이었던 스케이팅 선수 공상정은 한국 국적으로 2014년 동계 올림픽에 출전했다.

반대 사례도 있다. 안현수는 러시아로 귀화한 후 '빅토르 안'이라는 이름으로, 4년 전 소치 동계올림픽 때 금메달을 따서 한국 체육계를 충격에 빠뜨렸다. 독립협회 창설의 중심인물이었던 서재필은 1884년 갑신정변 때 망명 후 미국 시민권을 획득했다. 서재필은 귀국 후 미국 시민으로 행동하며 미국명인 '필립 제이손'이나, 이를 한국명으로 표기한 '피재손'을 사용했다.

고려 광종 때인 958년 과거시험을 처음 실시하는 데 주도적 역할을 한 인물은 중국 출신의 쌍기였다.《고려사》쌍기 열전에는 '대답을 잘해 광종이 그 재주를 아끼게 되었다'고 기록하고 있으며, 광종은 관직과 토지를 하사해 고려에 정착할 수 있도록 지원했다. 고려 고종 때는 베트남 '리' 왕조 6대 황제의 왕자인 '리 롱 뜨엉'이 귀화 후 '이용상'李龍祥이 돼 화산 이씨의 시조가 됐다. 이용상은 1226년 베트남에 '쩐' 왕조가 세워져 '리' 왕조의 왕족을 살해하자 그 화를 피해 탈출했다. 바다에 표류한 후 극적으로 정착한 곳이 바로 황해도 옹진군 화산면이었다. 고종은 이용상에게 땅을 주고 '화산군'으로 봉해 고려 정착을 도왔다. 1995년 화산 이씨 후손이 베트남을 방문했을 때는 베트남 정부의 큰 환대를 받기도 했는데, 화산 이씨의 사례는 한국과 베트남의 우호 증진에도 큰 역할을 할 것으로 기대된다.

고려말 이성계를 도와 1380년 황산대첩에서 큰 공을 세우고, 조선 건국 후 일등공신에 오른 이지란李芝蘭은 원래 여진족이었다. 어릴 때 이름은 '쿠란투란티무르'로 '쿠란'은 성씨, '투란豆蘭'은 이름이었다. 고려 공민왕 때인 1371년 이성계의 휘하로 투항, 귀화 후 이씨 성을 하사 받았다. 함경도 북청에 거주해 청해(북청의 다른 이름) 이씨의 시조가 된 것이다.

임진왜란 때 가토 기요마사의 선봉장으로 출전했던 사야가沙也加는 조선에 투항한 후, '충성스럽고 착하다'는 의미로 조선인 '김충선金忠善'이 됐다. 이괄의 난과 병자호란 때는 노구에도 불구하고 전공을 쌓았으며, 만년에는 경상도 달성군 녹촌鹿村에서 거주했다. 목사

〈이지란 초상(보물 제1216호)〉 부분, 청해이씨 종중 기증·경기도 박물관 소장

牧使 장춘점의 딸과 혼인해 조선에 동화된 생활을 했는데, 현재 이곳에는 그의 후손이 살고 있다. 임진왜란 때는 김충선처럼 조선에 투항한 일본군을 '항왜降倭'라 칭했는데, 항왜 중에는 조선에서 대우를 잘해주자 귀화한 인물도 다수 생겨났다.

일본명 '요여문要汝文'도 그러한 경우로 귀화 후 '여여문呂汝文'이 됐다. 여여문은 1598년 왜군의 복장을 하고, 경주 진공 작전에서 정탐 임무를 수행하다가 전사했고, 조정에서는 그 공을 평가해 상을 내렸다. 1627년(인조 5)에는 네덜란드인 벨테브레(조선명 박연朴淵)가 제주도에 표류했다.

벨테브레는 한양으로 압송된 후 훈련도감에서 총포 제작에 종

사했으며, 1653년 하멜 일행이 표류하자 통역 임무를 맡았다. 조선인과 혼인해 1남 1녀를 두는 등 완전히 조선인이 됐으나 조선인 후손에 대한 기록은 없다. 1991년에는 네덜란드인 후손이 선조인 벨테브레의 자취를 찾아 우리나라를 방문하기도 했다.

이처럼 외국인으로 한국에 정착한 후 한국 국적을 취득했던 귀화인이 중요한 역할을 한 사례는 시대별로 다양하게 나타나고 있다. 세계적인 흐름이 다문화와 개방의 시대로 나아가는 만큼 귀화인의 역할은 더욱 커질 것으로 보인다. 귀화인이 우리 역사의 일환으로 자리 잡을 수 있는 환경을 만들어 나가는 과정에도 많은 관심을 기울여야 할 것이다.

2018.02.02